AF455791

ITINÉRAIRE

DE

CONSTANTINOPLE A LA MECQUE.

EVERAT, IMPRIMEUR,
rue du Cadran, n° 16.

ITINÉRAIRE

DE

CONSTANTINOPLE A LA MECQUE,

EXTRAIT DE L'OUVRAGE TURC INTITULÉ :

KITAB MENASSIK EL-HADJ كتاب مناسك الحج

(LIVRE DES PRIÈRES ET DES CÉRÉMONIES RELATIVES AU PÈLERINAGE),

DE EL-HADJ MEHEMMED EDIB BEN MEHEMMED, DERVICHE,

Imprimé en 1232 (1816-17);

TRADUIT PAR M. BIANCHI.

AVANT PROPOS.

L'ITINÉRAIRE suivant a été traduit et extrait d'un ouvrage turc intitulé : *Kitab menassik el-Hadj*, ou livre des prières et des pratiques religieuses qui s'observent durant le pélerinage de la Mecque. Ce traité, composé, en l'année de l'hégire 1093 (1682), par un pélerin musulman nommé Mehemmed Edib ben Mehemmed dervich, a été imprimé par ordre du gouvernement Ottoman, en 1232 (1816-17). Mouradja d'Ohsson nous apprend qu'antérieurement à cette époque, il s'en débitait plusieurs milliers d'exemplaires, tant à Constantinople que dans les provinces de l'empire; mais ce qu'il ne dit pas, c'est qu'indépendamment des prières prescrites pour les différentes stations, soit à la kaaba, soit dans les environs du temple, l'ouvrage de Mehemmed Edib renferme une description historique et géographique de tous les lieux situés sur la route que parcourt la caravane, depuis Constantinople jusqu'à la Mecque. Cette route traverse en partie l'Anatolie et la Caramanie, toute la Syrie, en suivant la rive droite de l'Oronte, l'Arabie-Pétrée, et le Hedjaz ou l'Arabie-Déserte.

Notre auteur, pour ce qui concerne la direction des chaînes de montagnes et le cours des fleuves et des rivières, n'est pas toujours d'accord avec les géographes connus ; ce qu'il dit à cet égard se ressent trop souvent des idées superstitieuses des Musulmans et de leur peu de connaissances actuelles de l'histoire et de la géographie. Cependant les distances ont été généralement indiquées avec soin. L'auteur entre dans des détails assez étendus sur un grand nombre de désignations peu connues, et de villes même qu'on chercherait en vain dans nos dictionnaires géographiques les plus complets ; il indique souvent la nature du sol et du climat ; fait connaître les produits naturels et industriels, le nombre des édifices modernes et d'utilité publique, ainsi que le nom de leurs fondateurs et l'époque de leur construction, les eaux thermales et leurs propriétés curatives, les passages dangereux ; les abîmes, le cours des torrens, la nature des chemins, les curiosités locales et d'autres renseignemens encore, que l'on n'obtient jamais exactement que des écrivains du pays même. Nous regrettons que l'auteur n'ait pas indiqué plus souvent l'orientation ; c'est là une des lacunes les plus graves de cet Itinéraire.

M. Barbié du Bocage, dont la science et la Société de Géographie déplorent la perte récente, a enrichi cette traduction de notes savantes propres à faire connaître le rapport des désignations modernes avec les noms de la géographie ancienne. Ce travail, interrompu par la mort de M. Barbié du Bocage, a été continué par M. Jomard. Nous avons nous-mêmes cru devoir ajouter quelques notes explicatives des termes orientaux peu connus de la généralité des lecteurs, ainsi que des éclaircissemens que l'obscurité du texte turc rendait indispensables. Nous ne nous sommes fait aucun système particulier pour la transcription en caractères Européens des noms Arabes, Persans et Turcs ; l'orthographe que nous avons cru devoir préférer à cet égard, a été, autant que possible, celle de Mouradja d'Ohsson. Quant aux noms des différentes désignations géographiques, nous les avons également exprimés avec les caractères de la langue originale. Quelque fois le texte nous a laissé des doutes sur le sens précis de certains passages ; dans ce cas, nous avons prévenu, par des notes particulières, que la traduction que nous en donnions était plus ou moins hasardée.

N'ayant pris, du livre de Mehemmed-Edib, que la partie purement géographique et descriptive, nous prévenons les lecteurs que ce travail doit être moins considéré comme une traduction littérale que comme un simple extrait de l'ouvrage auquel il appartient.

Lorsqu'il s'agit de contrées où les voyageurs Européens ignorent le plus souvent la langue du pays qu'ils parcourent, et où le fanatisme et la cupidité opposent des obstacles presque toujours insurmontables à leurs savantes explorations, on peut penser que les relations des écrivains du pays, toutes imparfaites qu'elles sont, peuvent encore fournir à la science des données aussi utiles que nouvelles. C'est en considérant ce document inédit, sous ce point de vue, que la Société de Géographie a pensé qu'il était de nature à faire partie du Recueil de ses Mémoires.

BIANCHI.

ITINÉRAIRE

DE

CONSTANTINOPLE A LA MECQUE,

EXTRAIT DE L'OUVRAGE TURC INTITULÉ :

KITAB MENASSIK EL-HADJ كتاب مناسك الحج

(LIVRE DES PRIÈRES ET DES CÉRÉMONIES RELATIVES AU PÈLERINAGE).

DÉPART DE SCUTARI.

L'INTENDANT ou dépositaire du trésor (1), les officiers de sa suite (2), et les pélerins musulmans, en partant de Constantinople, effectuent leur passage à Scutari, en différens corps. Suivant l'occurrence, ils s'arrêtent quelques jours dans cette dernière ville, et continuent ensuite leur route par Kartal, dans le voisinage de Mal-tepè مالديه

(1) Le surrè-emini, dont le départ a lieu tous les ans, le 12 de la lune de redjeb, cinq mois avant la fête des sacrifices.

(2) Les saccas-bachis, sous-officiers des janissaires.

Kartal. قارتال à 3 heur. de Scutari.

Kartal est un bourg, situé sur le bord de la mer, à trois heures de marche de Scutari, renfermant un grand nombre de maisons et de boutiques, deux djamies (1), un khan (caravanserail) et un bain public. L'air y est doux, les fruits y sont abondans, mais l'eau (potable) y est rare. Celle qui coule devant les djamies est assez légère. De Kartal à Guegbuzè, on passe successivement par le petit village de Pendek پندك (2), par l'endroit appelé Tchaïri-Soultân چايرى سلطان (la prairie du Sultan), et après six heures de marche depuis Scutari, on arrive à Guegbuzè.

Guegbuzè. گكبوزه à 6 h. de Scutari.

Guegbuzè (3), nommé originairement Guilk-Iazi گلك يازى (*le trait de plume ou l'écriture de la plume*), est une petite ville (cassaba), à trois heures de marche de Kartal, sur le golfe de Nicomédie, bâtie sur le penchant d'une élévation éloignée de deux fersekh (parasanges) de la mer (4).

(1) Anciennement tous les temples musulmans portaient la dénomination générale de mesdjid مسجد (lieu d'adoration), d'où on a fait dériver les noms de meschita en italien, et celui de mosquée en français. Il s'est depuis établi deux distinctions qu'il est essentiel d'indiquer pour ne plus y revenir dans cette traduction. On entend par le mot Djamie جامع un temple du premier ordre bâti par un sultan ou par un grand personnage, et dans lequel on prie pour le souverain et on célèbre l'office public des vendredis et des deux Baïrams; tandis que les mesdjids ou mosquées ne sont que des chapelles secondaires ou succursales dans lesquelles on ne peut faire que les prières du jour.

(2) D'Anville nomme ce lieu Pantiki, et il est appelé Pantichium dans les historiens de la Byzantine.

(3) D'Anville et d'autres voyageurs et géographes désignent cette ville sous les noms de Guebizè ou Guevizè. D'Anville croit que c'est l'ancienne Lybissa, mais M. Leake en fait l'ancienne Dacybitza du Bas-Empire.

(4) Le passage suivant, extrait d'un des ouvrages de Hadji-Khalfa, donnera une idée générale des mesures géographiques anciennes et modernes, employées par les Turcs : « Suivant les anciens, dit-il, tels que Batlemios (Ptolémée) et ses adhérens, le degré terrestre est de 22 fersekhs فرسخ (parasanges) $\frac{1}{9}$, la parasange de 3 milles ميل, le mille de 3000 ziras ذراع, le zira de 32 pouces, et le pouce de six grains d'orge de moyenne grosseur placés, dans le sens de leur épaisseur, l'un à côté de l'autre. D'après cette estimation, un degré terrestre est aussi de 66 milles $\frac{2}{3}$. La parasange, esti-

Conquise par le sultan Orkhan, cette ville doit à la munificence de Tchoban Moustapha pacha, l'un des vizirs du sultan Soliman,

mée en ziras, étant de 9000 ziras, le degré terrestre, sur le pied d'une marche modérée, est de trois merhalès مرحله (journée de marche), le merhalè de 8 parasanges, la parasange, sur le pied d'une marche modérée, se parcourant dans une heure de temps, il résulte que l'espace qu'on peut franchir ainsi dans une journée est d'environ 24 milles. En mer, quelle que soit, à raison des vents, l'incertitude des trajets, les marins ont reconnu que sur le pied d'une marche modérée on ne pouvait pas faire plus de 60 milles par jour.

» Suivant les modernes (Mutéakhkherin متأخرين), le degré terrestre est de 19 parasanges moins un neuvième, ce qui porte ce même degré à 56 milles et 2/3, le mille est de 4000 ziras, le zira de 24 pouces, et le pouce de six grains d'orge de moyenne grosseur, placés l'un à côté de l'autre, dans le sens de leur épaisseur. On voit, par là, que la différence qui existe entre les anciens et les modernes, est de trois pour le nombre des parasanges (qui composent le degré), et de dix pour celui des milles; mais cette différence est plutôt apparente que réelle, puisque, dans les deux indications, le nombre positif des milles ne représente qu'une seule et même chose; seulement le zira, selon les anciens, étant de 32 pouces, et de 24, suivant les modernes, ils diffèrent entre eux, à cet égard, de 8 pouces: mais la parasange étant, dans le premier cas, de 9000 ziras, et de 12000 ziras dans le second, il résulte que la quantité de milles, dans les deux cas, forme toujours trois parasanges, et que les pouces sont, comme dans la première estimation, de six grains d'orge de moyenne grosseur.

» Il y a aussi des différences dans la manière d'évaluer les menzils منزل (stations) et les merhalès, suivant la nature de la marche; si cette dernière est lente comme celle d'une caravane ou d'un corps de troupe, le merhalè est appelé mutedil معتدل *tempéré*, et le degré se compose de trois merhalès: tel serait, par exemple, l'espace parcouru, dans un jour, de Constantinople à Biuk-Tchekmedjè بيوك چكمجه (Ponte grande); si le merhalè est un peu plus accéléré il est dit mutevesit متوسط, *moyen*, et se compose des deux tiers du degré: tel serait l'espace parcouru, par un cavalier allant au pas alongé, dans un jour, de Constantinople à Silivri سلوري; enfin, si la marche était encore plus prompte et qu'elle se composât du degré terrestre entier, le merhalè serait dit d'un degré: tel serait l'espace parcouru dans un jour, par un voyageur allant de Constantinople à Tchiorlu چورلى. Il résulte de là que le merhelè peut être d'un tiers de degré, de deux tiers de degré, et d'un degré entier. »

Hadji-Khalfa, *Introd. géograph. aux guerres maritimes.*

l'élévation d'une djamie, bâtie en pierres, l'établissement d'un collége (medressé) et la fondation d'un imareth (1).

La djamie renferme des lampes de jaspe, suspendues à la manière des lustres. On y voit un coran écrit en caractères ïakoutis (2). Guegbuzè contient en outre d'autres djamies, des marchés nombreux, des boutiques, des bains publics et des carrefours. L'eau y est rare et de mauvaise qualité. On la tire avec des roues hydrauliques (dolabs). Chichman-Ibrahim pacha est parvenu, en creusant des puits, à la réunir sur un point d'où elle se distribue dans les bains de la ville. Fazl-Ullah pacha et le cheikh Elïas y sont enterrés dans des monumens particuliers. Guegbuzè dépend du *liva* (3) ou gouvernement militaire de Kodja-Ili.

Il existe deux chemins de Guegbuzè au Pas-de-Dil دل ; l'un n'est que d'une demi-heure de marche, mais il est difficile et pierreux. En venant de Guegbuzè et descendant en face par Dil, on arrive, dans une demi-heure, à un village nommé Hersek. L'espace entre Dil et le côté opposé est de cinq milles. Sur le chemin de Dil, on trouve les endroits appelés Tcheurektchi-Oglou-Tchechmèssi چورکجی اوغلو چشمه سی (la Fontaine de Thcurektchi-Oglou); le Rocher Ioumrou, et Touzli-bounar توزلی بیکار (la Fontaine salée). On passe au côté opposé sur des bateaux et des maonnes (grosses barques qui vont à la rame et à la voile). Il ne faut pas trop se presser dans ce trajet, de crainte d'accident. On trouve sur le ri-

(1) Hotellerie où les enfans des écoles et les étudians vont prendre leur nourriture.

(2) Parmi les diverses espèces d'écritures arabes, celle qui porte le nom de son inventeur Iakouti est de la plus grande dimension : chacune des lettres est d'environ un pouce de hauteur. On peut juger par là quel doit être le volume d'un coran écrit de ce caractère. M. Frazer, voyageur anglais, a trouvé en 1822, à Cochoum dans le Khorasan, des feuilles d'un semblable coran très-remarquable. Voy. *the Asiatique Journal of London for november* 1825, pag. 562.

(3) L'empire Ottoman est divisé en vingt six gouvernemens généraux (eïalets ایالت) composés de cent soixante-trois provinces ou gouvernemens militaires (livas لوا). M. d'Ohsson.

vage en face un vieux khan en ruine. Ce dernier est à trois heures et demie de distance de Guegbuzè, sur le golfe de Nicomédie.

Hersek. هرسك

Hersek est un petit bourg composé de la djamie de Zareh-Ahmed pacha, d'un bain public, de quelques maisons et de boutiques. Le sultan Mehemmed, dit le conquérant, s'en empara en l'année 862 (1458) (1). Comme ce bourg est situé au milieu des marais, on le traverse dans l'espace d'une demi-heure, sur une chaussée. Le khan est dû à la munificence du sultan Selim. Ce lieu dépend du liva de Codja-Ili. Ici, le Mutesarref, ou commandant militaire du liva, est dans l'usage de se mettre à la tête de la caravane des pélerins, et de l'escorter jusqu'à Ak-Chéher. Entre Hersek et Iznik, on rencontre un petit village appelé Derbend, habité, en grande partie, par des chrétiens. D'Hersek à Derbend (le défilé), le chemin est difficile. Deux heures avant d'arriver à Iznik, on trouve les eaux appelées Kirk-Guetchit قرق كچيت (3) (les quarante gués), et les lieux nommés Murg مرغ (l'Oiseau), et Pacha-Tchaïri (la Prairie du Pacha).

Derbind (2). دربند

Iznik. ازنيق à 10 h. de Hersek.

Iznik (Nicée). Cette ville, qui est à dix heures de Hersek, fut conquise, en l'année 731 (1331) (4), par le sultan Orkhan. On raconte que son premier constructeur fut Sam fils de Noë. Cette cité, florissante et célèbre du temps des Empereurs grecs, est maintenant en ruine. Sous le règne des Césars, on y rassembla trois cent soixante religieux, qui réglèrent les articles de la Foi Chré-

(1) L'année julienne ou grégorienne indiquée sera toujours celle dans laquelle a commencé l'année turque; quant à la date dont il est question, nous pensons qu'elle doit être antérieure au moins d'un siècle.

(2) Ce village, appelé aussi Kiz-Derbind, a été observé par M. Browne à 40° 32' de latitude. B. du B.

(3) Kirk-Guetchit (le Dracon); c'est probablement à cause de ses nombreuses sinuosités que les Turcs lui donnent le nom des *quarante gués*. Nous remarquerons dans la suite que d'Anville donne ce même nom de Kirk-Guetchit à la rivière de Koremoz qu'il appelle aussi Carasou.

(4) Iznik a été observée par M. Browne à 40° 21' 30" de latit. B. d. B.

tienne (1). Iznik est maintenant une petite ville renfermant des djamies, des khans, des bains publics et des marchés. L'air y est pesant et mal-sain. Sultan Orkhan y a élevé une djamie sur l'emplacement d'une des églises, et y a fondé un imareth. Cette ville contient en outre le tekiè (couvent de derviches) et la mosquée de feu Echref-Zadeh, ainsi que la tombe de ce saint, qui est devenue un lieu de pélerinage. On voit aussi dans cette petite ville, les tombes des princes Kenduzalb, Charah, Kaïè-Ala-Eddin-Assoud et du mollah Khaïali. Iznik possède dans son voisinage un grand lac dont l'eau est fort douce et dans lequel on pêche une espèce de poisson de la grosseur d'un demi-empan, dont on fait sécher une portion que l'on exporte dans les pays voisins. La partie inférieure de ce lac confine au village Meklik (2), et se décharge dans la Mer Blanche (la Méditerranée et les mers avec lesquelles elle communique directement).

Lefkè. لفكه à 11 h. de Isnik.

Lefkè est une petite ville, à onze heures de Iznik, renfermant un bain public, un khan, et une mosquée bâtie par Iskender pacha. Elle dépend du liva de sultan Euni (3). Sultan Osman s'en empara, en 780 (1378). On y trouve de la soie de première qualité. Les chemins environnans sont difficiles. C'est dans le voisinage de Lefkè que coule le fleuve Sakariè سقاريه (4). Ce dernier, qui sort des environs de Seïdi-Gazi, se dirige d'abord directement au nord, passe sous un pont au nord d'Eski-Chéher; là il prend le nom de Poursouk-Souï پورسوق سويى (5), se joint ensuite à d'au-

(1) L'auteur désigne ici le premier concile de Nicée, en 325.

(2) Ce lieu est désigné sur presque toutes les cartes, sous le nom de Kemlik.

(3) L'ancienne Leucæ. Ce liva, qui dépend du grand gouvernement ou Eïalet d'Anatolie, a pour chef-lieu Caradjè-Chéher, et se trouve sous le commandement d'un gouverneur général qui est pacha à deux queues (Mirmiran).

(4) Le Sangarius.

(5) Poursouk signifie *blaireau*; c'est aussi le nom d'un vaste désert sablonneux qu'on trouve au N. de la mer d'Aral et au N.-E. du Sir Deria, au N. de Bukhara et au N.-O. de Samarcande.

tres rivières, coule à l'orient de Sugut; puis, s'écartant de nouveau de cette direction, il passe sous les ponts de Khandak et de Guivèh, et se jette enfin dans la Mer-Noire. Le Sakariè est un grand fleuve. Près de ses bords, on trouve la vallée appelée Tchelteklik-Wadi. Entre Lefkè et Sugut, on rencontre un petit village nommé Vezir-khani, contenant quelques maisons, un bain, un khan et une mosquée, provenant de la munificence de Kupruli-Mehemmed pacha. Le fleuve dont il a été parlé plus haut, coule sous les murs du village.

Vezir-khani (1). وزيرخانى

A deux milles de Sugut, on remarque un dôme qui couvre le tombeau du guerrier Hertogroul-beg, père de sa Hautesse le sultan Osman, fondateur de la dynastie Ottomane. A la mort d'Hertogroul beg, qui eut lieu en 687 (1288), le sultan Ala-Eddin, de la race des Seldjoukides, remit à Osman l'étendard et les queues de chevaux, et lui désigna Sugut et ses environs pour lieu de résidence (2).

Sugut. سكوت à 9 h. de Lefkè

Sugut (le Saule) est une petite ville à neuf heures de Lefkè, renfermant des marchés, des carrefours, des bains et des mosquées. On la nommait, dans l'origine, Sugutdjik سكوتجك (le Petit-Saule) et Sifsaf صفصاف (mot arabe qui a la même signification). Le sultan Amurat Ier s'en empara en 765 (1363). Ce lieu est renommé pour ses raisins confits et ses cufters-soudjouks (pâte faite avec des amandes et du miel). C'est dans cette ville que Jahïa pacha a fait élever un petit monument. Sur la route on voit le cimetière dit des Frères (3).

Eski-Chéher. اسكى شهر à 10 h. de Sugut.

Eski-Chéher (la Vieille-Ville) (4), est une petite ville située dans une vaste plaine, à dix heures de Sugut; on y fait la prière du vendredi dans deux grandes djamies, dont l'une fut bâtie par Ala-Eddin, et l'autre par Moustapha pacha. Eski-Chéher ren-

(1) M. Leake croit que c'est l'ancienne Agrilium. B. du B.

(2) Ce lieu est regardé, par l'historiographe turc Saad-Eddin, comme le berceau de la monarchie Ottomane.

(3) Cet endroit est, désigné sur la carte de M. Lapie, sous le nom de Bech-Kardachler (les cinq frères).

(4) L'ancienne Dorylæum. B. du B.

ferme en outre d'autres temples du second ordre (1), des marchés, des khans et des thermes ou bains d'eau chaude naturelle. Il s'y trouve un petit puits dont l'eau est d'une qualité supérieure. Les melons y sont excellens. Par l'effet de la volonté du Très-haut, cette ville est souvent arrosée de la pluie. Les khans et les marchés sont séparés des autres habitations. Elle dépend du liva de sultan Euni. Ce fut en 687 (1288), que sultan Ala-Eddin concéda et transmit, en vertu d'un diplôme, l'autorité de cette ville à sultan Osman. Les tombes vénérées du cheikh Zadè-Bali et de Chahab-Eddin-Chehrwerdi, y sont devenues des lieux de pélerinage. La rivière Poursouk coule dans ses environs. Entre cette dernière et la ville, à trois heures de distance, se trouve un village appelé Ak-viran اق ويران (les ruines blanches). Au sud d'Eski-Chéher est Seïd-Gazi ; au nord, Keuïnik كوينك, et Sugut ; et au nord-ouest (2), In-Euni اين اوكى. Les pélerins s'arrêtent un jour à Eski-chéher y payent les journées des muletiers, celles des Ykkams (3), et distribuent des bakhchiches (4).

Seïd-Gazi. سيد غازى à 9 heures de Eski-Cheher.

Seïd-Gazi le prince guerrier) (5), à neuf heures de Eski-chéher, est un édifice vaste et considérable, recouvert en plomb, sur une élévation formant le tombeau du guerrier Battal-Aboul-Hassan-Abd-Oullah-el-Antaki, situé près de la ville et non loin d'un khan bâti sur la grande route. Ce bâtiment fut élevé par la mère du sultan Ala-Eddin le Seldjoukide ; elle même y est enterrée. Dans les environs, se trouvent d'autres fabriques qui servent de tombeaux à quelques seigneurs qui étaient fils de Mikhal. On rencontre un peu plus loin, une djamie couverte en plomb, des cellules, un medressè (collège), des lieux d'hospitalité pour les voyageurs, et un bain public, monumens de la munificence du sultan Sélim.

(1) *Voy.* la note ci-dessus, pag. 84.

(2) J'ai cru devoir rectifier ici quelques erreurs d'orientation trop évidentes.

(3) Mercenaires chargés d'attacher les bagages et les bêtes de charge.

(4) Don supposé volontaire, espèce de pour-boire réclamé aussi souvent en Orient qu'en Europe.

(5) M. Leake croit que c'est l'ancienne Santabaris. B. du B.

Des derviches Bektachis occupent les cellules et le tombeau. Sur un terrein uni de cette ville (1), on trouve de nombreuses sources d'eau chaude naturelle, au-dessus desquelles on a construit une voûte et un lieu pour se deshabiller. Il y a deux bains particuliers, l'un pour les hommes, et l'autre pour les femmes. A l'extrémité des jardins de Eski-chéher, et dans un lieu situé à dix heures de distance du territoire de la ville, on voit une autre source d'eau chaude naturelle. On recueille, à sa surface, une substance grasse qui s'y forme; et quelquefois on retire une ou deux tasses de cette matière, qui ressemble à de l'huile bouillie. Seïd-Gazi dépend du liva de sultan-Euni. Entre cette petite ville et Khosrew-Pacha, on trouve un village nommé Bardakli, composé de quelques maisons, d'un khan et de boutiques. Non loin de ce dernier, existe un endroit appelé Karlapa-Bogazi قارلاپه بوغازی (le détroit ou la gorge de Karlapa).

Bardakli. باردقلی

Khosrew-Pacha, à 9 heures de Seïd-Gazi, nommé également Ieni-Khan, یکی خان (le Nouveau-Khan), est un petit bourg composé de plusieurs khans, de deux djamies, dont l'une est une ancienne église, d'un bain, de quelques maisons, et de marchés. On y fabrique de beaux tapis. L'air y est pur. Entre Khosrew-Pacha et Boulavadin, il existe un petit village nommé Biât بیات (3) composé de quelques maisons, et dont un ruisseau arrose les murs. De ce dernier à Boulavadin, on rencontre un passage difficile et dangereux désigné sous le nom de Inler اینلر (les Cavernes).

Kosrew-Pacha (2). خسرو پاشا à 6 h. de Seïd-Gazi.

Boulavadin, à douze heures de Khosrew-Pacha, est une pe-

Boulavadin (4). بولاوادین à 12 h. de Kosrew-Pacha.

(1) Nous voyons par le mot de *Cassaba*, dont l'auteur se sert, pour la première fois, en désignant la réunion de tous ces édifices, qu'elle forme une petite ville.

(2) M. Leake croit que c'est l'ancienne Prymnesia. B. du B.

(3) M. Leake pense que c'est l'ancien Beudos. B. du B.

(4) D'Anville est d'avis que c'est l'ancienne Diniæ, mais M. Leake pense que c'est l'ancien Polybotum. B. du B.

tite ville composée de quelques maisons, de marchés, de bains publics, de khans et de trois djamies, dont la première porte le nom de Sinan Pacha-Djamissi, la seconde celui de Cheikh-Djamissi, et la troisième celui de Hadji-Effendi-Djamissi. On voit à Boulavadin un grand pont de 540 pas de longueur, bâti par sultan Sélim. Cette jolie petite ville dépend du Liva de Kara-Hissar, elle abonde en melons délicieux et autres productions recherchées. Des colonnes de pierres élévées sur la route, indiquent les limites des Sandjaks de Konia et de Kutahïa.

Ishacli. اسحاقلى à 8 h. de Boulavadin.

Ishacli, à huit heures de Boulavadin, est une petite ville sur la grande route, renfermant une djamie, un bain et un khan, bâtis par le sultan Ala-Eddin, des maisons nombreuses, des vignes, des jardins et des eaux courantes. L'air y est pur et les fruits abondans. Ishacli dépend du liva de Ak-Chéher; on y trouve une fontaine appelée ïagli-bounar ياغلى بيكار (la source huileuse).

Ak-Chéher (1). آق شهر à 8 h. de Ishacli.

Ak-Chéher (la Ville-Blanche), à huit heures de Ishacli, petite ville composée de marchés, de rues nombreuses, de khans, de djamies, et entourée de vignes, de jardins et d'eaux courantes. Les djamies y sont au nombre de trois : celle du sultan Soliman, celle du sultan Ala-Eddin, et celle de Hassan-Pacha. Il y existe cinq bains publics. L'endroit qui porte le nom de Buïuk-Tekiè, (le Grand-Couvent), offre une promenade incomparable : on y voit plusieurs écluses au milieu de vertes prairies, coupées par des canaux, d'où s'écoulent des eaux nombreuses. Les derviches du couvent, qui sont Mewlevites (2), y suivent les pratiques de leur ordre. Le sultan Mehemmed s'empara de cette ville en 817, (1414). Les cendres de Khodjah-nassreddin (3) et celles de plu-

(1) D'Anville croit que c'est l'ancienne Aviochia ad Pisidiam, et M. Leake l'ancienne Julliæ ou Juliopolis. B. du B.

(2) Le fondateur de cet ordre de derviches est Djelal-Eddin-Mewlana Roumi, surnommé Molla Hunkiar, mort à Conïa en 672 (1273-74).

(3) Nassereddin-Khodjah, personnage dont la célébrité est devenue populaire chez les Turcs par l'originalité de son caractère, de ses bouffonneries

sieurs personnages célèbres y sont déposées. Entre autres tombeaux, ceux de Nimet Oullah, Weli-Ul Nedjwani, d'Hakhi Ouran, et de Kurd-Emir, sont devenus des lieux de pélerinage. Un roi qui passa par cette ville, en remarquant la quantité prodigieuse de fleurs blanches qui l'environnaient, crut devoir la désigner sous le nom d'Ak-Chéher, (la ville blanche); dénomination qu'elle a conservée depuis. Elle doit à la pureté de l'air qu'on y respire, la possession d'un château que le sultan Amurat y fit construire, lorsqu'il se rendait à Bagdad. Ak-Chéher est le chef-lieu même du liva de ce nom; on trouve dans ses environs un lac très-poissonneux. Entre Ak-Chéher et Ilguin, il existe un petit village, composé de quelques maisons, et que l'on appelle Erkad-khani.

Erkad-khani.
ارقدخانى

Ilguin, à neuf heures de Ak-Chéher, est une petite ville qui se compose de carrefours, de quelques marchés, du khan de Roustem-Pacha, du bain public dit Tchiftè-Hammami, bâti par le sultan Gaïas-Eddin, de deux djamies; l'une de feu Moustapha Pacha, et l'autre, qui est une ancienne église, porte le nom de Dorgoud-Beg (2). Ilguin dépend du liva de Ak-Chéher. L'air pendant l'été y est très lourd. A un mille de la ville, on trouve une source d'eau chaude naturelle, dont l'efficacité est de guérir la paralysie et la lèpre. A l'entrée d'Ilguin, on voit un grand lac dont l'eau est très-douce, et dans lequel on pêche diverses sortes de poissons. Là se voit aussi la fontaine de l'infortuné Ibrahim Pacha, et sur le chemin Cadin-Khani (le khan de la sultane), ainsi qu'un autre petit village composé de quelques maisons, et que l'on appelle Arslan-Keuï (le village des Lions). On pense généralement que ce nom lui vient des figures en pierres, de cet animal,

Ilguin. (1).
ايلغن
à 9 h. de Ak-Chéher.

Arslan-Keuï.
ارسلان كوى

et de ses réparties quelque fois spirituelles, mais le plus souvent obscènes et de mauvais goût. Nassreddin-Khodjah naquit à Sivri-Hissar سورى حصار, près d'Angora.

(1) MM. d'Anville et Leake croient que c'est l'ancien Philomelium.
B. du B.

(2) Officier renommé de la marine Ottomane, tué à Malte en 960 (1552).

qu'il y avait de distance en distance. On trouve aussi sur cette route, deux endroits appelés Balkam-Souï (l'eau de Balkam), et Baliche-Keuprussy (le pont de Baliche.)

Ladik (1). لاديك à 10 h. de Ilguin.

Ladik, à dix heures d'Ilguin, nommé également Lazekiè-Karman لازقية قرمان (Lazekiè de Caramanie), Iorgan يورگان, et Saïd-Ili سعيد ايلى, est une petite justice municipale (caza قضا) composée de marchés, de bains publics, de khans et de djamies. L'air y est pesant. On voit dans ce lieu une source dont l'eau est très-froide. Le premier silihtar (porte-épée) du sultan Murad y a fait construire une fontaine ainsi qu'un khan que l'on nomme Dokouzli. A une heure de distance, dans la montagne, on trouve une autre source appelée Donli-bounar (la fontaine glacée); dont l'eau est très-douce. Ladik dépend du liva de Koniè et est situé sur le bord de la petite rivière appelée Zingui-souï زنگى صوى.

Koniè (2). قونيه à 11 heur. de Ladik.

Koniè (Iconium), à onze heures de Ladik, lieu entouré d'eaux courantes, de vignes, de jardins, et d'un endroit appelé *Siri-Meram*, سيرمرام (le contentement des desirs). On trouve dans ce dernier un joli bain, orné d'un jet d'eau qui s'élève à une hauteur prodigieuse, et au sujet duquel on a composé le distique turc suivant :

بيت

ايريشور فسقيه سى آندقچه دايم بامنه
جنته گيرمك ديلرسك گيرمرام حامنه

« Son jet élancé atteint la voûte éternelle : entre dans le bain de Meram,
» ô toi qui veux aller en paradis! »

Koniè est une grande ville renfermant de beaux marchés, des carrefours, des bains publics et des djamies. Une haute muraille y a été

(1) L'ancienne Laodicea Combusta. B. du B.

(2) L'ancien Iconium. Koniè a été observé par Niebuhr à 37° 52' de latitude. B. du B.

élevée, et percée de douze portes, en 619 (1222), sous le règne d'Ala-Eddin, fils de Kaïcobad, fils de Gaïas-Eddin, fils de Kaï-Khosrew le Seldjoukide, et aux frais de Kilidj-Arslan. Cette muraille est maintenant en ruine. En deçà, est une djamie du susdit Ala-Eddin, où ce prince est enterré. Koniè possède en outre six bains publics, dont quatre en dedans de la muraille, et deux en dehors. Cette ville, qui est le chef-lieu même du liva de ce nom, fut conquise dans la 85e année de l'hégire (704). Originairement le siége du gouvernement des anciens Grecs, elle retomba, après la première conquête, au pouvoir des Césars, fut délivrée de nouveau en 681 (1282) (1), par Davoud, fils de Suleïman-Katoumouch, et enfin enlevée à Karaman-Oglou en 794 (1392), par Ilderim-Baïazid (2), époque où elle a fait définitivement partie de l'empire Ottoman.

Ce lieu produit des abricots de l'espèce recherchée, appelée Fakhr-Eddin (3), ainsi que la fleur nommée Debbag-Tchitchegui, (fleur des Corroyeurs), qui sert particulièrement à la teinture des cuirs. On visite, à Koniè, les tombes de plusieurs personnages célèbres, entre autres celles de Mewlana-Djelal-Eddin-Roumi, du sultan Veled-Cheikh-Kerim-Eddin, de Seïd-Burhan-Eddin, et de Tchelebi-Hassan-Eddin. Un coffre qui se trouve dans la bibliothèque de Sadre-Eddin, et qui renferme le froc de derviche d'Abdulkadir-Guilani, y est également l'objet du respect religieux ; mais c'est surtout la tombe de Mewlana-Djelal-Eddin (4) qui inspire la plus profonde vénération. En face, et dans un endroit retiré les derviches Mewlevites s'acquittent le vendredi des pratiques instituées par leur fondateur. Le tombeau de Mewlana est dû à la munificence et à la piété de Guedik-Ahmed-Pacha. Dans le voisi-

(1) Nous pensons qu'il y a ici erreur et qu'on devrait lire la date de 1065 de J.-C.

(2) Bajazet Ier, surnommé Ilderim l'Éclair.

(3) Abricot-pêche, *Malum Armeniacum majus.*

(4) Fondateur de l'ordre des Derviches Mewlevites. V. la note, p. 96.

nage de ce monument, se trouve une djamie à deux minarets, bâtie par sultan Sélim. Mewlana-Djelal-Eddin-Roumi, naquit à Balkh, vécut 68 ans, et mourut en l'année 662 de l'hégire (1264). Les eaux de Konié, qui proviennent d'un montagne voisine, se distribuent dans la ville, en passant à travers 300 conduits. Les diverses branches des ruisseaux qui coulent au milieu des vignes et des jardins, forment, en descendant, un lac qui est lui-même entouré de montagnes. Les pélerins s'arrêtent un jour à Konié, y paient les muletiers, et distribuent des bakhchiches.

Ismil (1). اسميل à 12 h. de Konié.

Ismil nommé autrement Kerdè-Beli كرده بلى, à douze heures de Konié, est une très-petite ville située sur la grande route, renfermant des marchés, des khans et des djamies. Elle dépend du liva de Konié. Ses habitans font beaucoup d'accueil aux pelerins de la caravane. La rareté de l'eau provient de ce qu'il n'y en a pas d'autre que celle qu'on retire des puits. On trouve en partant de Konié, deux chemins, l'un est celui d'Ismil, et l'autre celui du village de Kudji كجى. Comme le premier est difficile, on préfère le plus souvent celui de Kudji en allant à Kara-Bounar.

Les eaux qui se trouvent abondamment répandues sur la route d'Ismil, en rendent le trajet des plus fatigans, cela n'empêche pas les Pelerins de suivre cette route de préférence. Il existe entre Ismil et Kara-Bounar, un endroit connu et pénible à franchir, appelé Ilki Bouroun يلكى برون : ce lieu est dangereux et sablonneux.

Depuis Konié jusqu'à Erekli, la route n'offre qu'une plaine. C'est dans cette dernière qu'est située Ismil. Lors des inondations, la plaine entière est submergée, et si dans le même temps le lac de Konié vient également à se déborder, tout le liva d'Ismil ressemble alors à une vaste mer. On assure qu'autrefois la plaine de Konié n'était autre chose que la mer elle-même. En face d'Ismil sont les montagnes appelées Fudul-Baba-Dagleri فدول بابا طاغلرى,

(1) D'Anville croit que c'est l'ancienne Psibela. B. du B.

(les montagnes de Fudoul-Baba, qui tirent leur nom d'un personnage fabuleux); elles sont entièrement dépourvues d'arbres et offrent à leur sommet un bassin dont l'eau ne diminue ni n'augmente et qui sert à désaltérer les animaux.

Kara-Bounar (1), قره بيكار à 9 heures d'Ismil

Kara-Bounar (la source noire), à neuf heures d'Ismil, est une petite ville renfermant des eaux d'une grande pureté, des maisons nombreuses, des bains, un Imareth, et une Djamie en pierres à deux minarets, bâtie par sultan Suleïman. Kara-Bounar était, avant Koniè, la capitale du sultan Ala-Eddin; elle fut conquise en 862 (1457), sous le règne du sultan Mehemmed. Il s'y fabrique des chaussons de laine de première qualité. Elle possède une petite forteresse, et dépend du liva de Koniè. On trouve en partant de Kara-Bounar, à gauche du chemin et à environ à trois milles de distance de cette ville, une saline qui fournit de sel tout le canton. Dans les environs à droite de la route, est un passage dangereux appelé Coum-Bournou قوم بورني (le promontoire de sable) (2); il s'y trouve un réservoir destiné aux besoins des voyageurs. A droite de Coum-Bournou, on rencontre un abîme.

Erekli (3). اركلي à 12 heur. de Kara-Bounar.

Erekli, à douze heures de Kara-Bounar; son ancien nom est Erekli de Caramanie. On est ici à moitié chemin de la route des pèlerins (de Constantinople à Damas). Erekli est une petite ville dans laquelle se trouvent des djamies, des mosquées et vingt-deux quartiers. Caraman-Oglou Ibrahim-Beg et Chehab-Eddine, y ont fait construire chacun une djamie. Le dernier est enterré dans celle qui porte son nom. Cette ville renferme en outre plusieurs khans, deux bains publics, des marchés et des eaux nombreuses. Celles qui coulent dans ses environs ont une

(1) M. Leake croit que c'est l'ancienne Barate (Βαράτη). B. du B.

(2) M. de Nerciat, qui a parcouru ce canton, croit se rappeler que l'endroit dont il est ici question porte également le nom de *Guiden guelmez*, mots turcs qui signifient: « celui qui y va n'en revient plus. »

(3) D'Anville croit que c'est l'ancienne Archelais; mais M. Leake

vertu pétrifiante, et l'on met en œuvre les pierres qui en résultent. Les murailles qui jadis entouraient la ville, étaient de terre : elles ont été entièrement reconstruites. Le territoire d'Erekli, produit une grande variété de fruits. Il est reconnu qu'il y existe quatre-vingt-dix espèces différentes de poires. Aboul-Feth sultan Mehemmed, (dit le père de la Victoire) (1) s'en empara en 862 (1457). On y voit aussi la djamie de Kilidj Arslan, surnommée l'ancienne djamie. Cette ville dépend du liva de Koniè ; ses eaux jaillissent du pied d'une montagne appelée Erdoust اردوست. Dès l'instant que ces dernières diminuent à leur source, le trajet devant la ville devient impraticable. Dès le temps du khalife Eumer-el-Farouk (2) (Omar), Erekli fut, du consentement même de ses habitans, transformée en Vakf ou fondation pieuse des deux villes sacrées, la Mecque et Médine. On y voit un pont qui porte le nom de Tchavouche Keuprussi. Les pélerins s'arrêtent ordinairement un jour dans cet endroit, et y paient les journées des muletiers, sans être toutefois tenus de leur donner des bakhchiches.

Olou-Kichla. اولو قشلا à 9 heur. d'Erekli. Olou-Kichla (la grande résidence d'hiver), à neuf heures d'Erekli, est un gros village composé d'une djamie, de deux khans, de boutiques et de maisons nombreuses. Il dépend du liva d'Adana. On remarque dans ce lieu le khan de Mehemmed pacha, et sur la route un endroit appelé Kiafir-Sindi (3), ainsi que la forteresse nommée Guelik, située sur le sommet d'une montagne. Cette place fut prise, en 872 (1467—68), sous le règne du sultan Aboul-Feth Mehemmed Khan.

Tchefteh-Khan. چفته خان à 9 heur. de Oulou-Kichla. Tchefteh-Khan à neuf heures d'Olou-Kichla. Ce lieu renferme deux khans et dépend du liva d'Adana. Il existe dans son voisinage une source d'eau chaude naturelle. Le chemin est pierreux et difficile. On trouve ici un endroit escarpé appelé Sandikli

pense que c'est l'ancienne Archalla. Erekli a été observé par Niebuhr à 37° 30' de latitude. B. du B.

(1) Mahomet II.

(2) Elfarouq الفاروق, celui qui est doué d'un grand discernement pour distinguer le bien du mal.

(3) Ces mots, qui signifient en turc

صندقلي dont une rivière arrose les murs. Dans les environs, les défilés des montagnes offrent quelques villages d'où l'on apporte du pain léger et du beurre frais que l'on vend aux pélerins. On y voit aussi une jolie résidence d'été, appelée Tekirli ou Tanrili-ïaïlak تكرلي ييلاق à laquelle on ne parvient qu'après avoir passé deux ponts. En partant de Tchefteh-Khan, pour se rendre au ïaïlak de Ramazan-Oglou, et en passant les eaux du Kirk-guetchit (les quarante trajets) sur un pont de pierres; on arrive à la fontaine dite Cheker-Bounar شكربكار, source renommée et dont le nom indique la douceur de ses eaux qui jaillisent du pied d'une montagne. A une demi-journée de marche de Tchefteh-Khan, le Kirk-guetchit se grossit, passe sous le pont blanc Ak-Keupru, et va joindre ses eaux à celles de la rivière nommée Karasou قره صو (la rivière noire) (1). C'est après avoir traversé le pont dont nous venons de parler, que l'on descend au ïaïlak de Ramazan-Oglou. De Tchefteh-Khan jusqu'à Tchakid, le pays ne présente qu'une suite de montagnes et de forêts.

Iaïlak de Ramazan-Oglou, à neuf lieues de Tchefteh-Khan, se compose d'un khan et des maisons d'été des habitans d'Adana, qui y séjournent avec leurs familles, mais c'est surtout durant la saison du printems que ce lieu est agréable et fréquenté. L'air y est excellent. Ce Iaïlak dépend du liva d'Adana. A droite du chemin et sur le sommet de la montagne, se trouve la forteresse de Doulek دولك; et non loin de là, la gorge

Iaïlak de Ramazan-Oglou. رمضان اوغلی ييلاغی à 9 h. de Tchafteh-Khan.

l'infidèle a été défait, rappellent probablement quelque avantage remporté dans ce lieu sur les Chrétiens.

(1) Suivant la carte de D'Anville, la rivière de Kirk-Guetchit est la même que celle appelée Koremoz et Carasou, et elle prend sa source près de Kaisariè, l'ancienne Césarée de Cappadoce, pour se jeter dans l'Euphrate. Cette rivière ne peut donc être la même que celle dont il est ici question; néanmoins il est dit que cette dernière va joindre ses eaux à celles du Kara-sou. Sans doute cette rivière de Kara-sou est encore différente de celle qui passe à Kaisariè cette ville devant être éloignée d'environ trente lieues de Tchefteh-Khan.

B. du B.

qui porte le même nom (1). Il existe aussi dans ces montagnes plusieurs cavernes, ainsi que des mines d'or, d'argent et de cuivre. Divers khans ont été bâtis dans les intervalles qui séparent ces dernières. On y trouve deux endroits appelés Sultan-Khani سلطان خانی et Sari-Achik صاری اشق. C'est par ces derniers que la caravane passe en hiver pour se rendre à Tchaked, en été elle se dirige par Derbend.

Tchaked. چاقد à 11 h. du Iaïlak de Ramazan-Oglou.

Tchaked est un khan, à onze heures du Iaïlak de Ramazan Oglou, au pied duquel coule la rivière du même nom. On y voit deux autres khans, appelés, l'un Tchaouch-Khani چاوش خانی et l'autre Kiz-Olouk قزاولوق. L'eau de ce dernier est très-froide. Sur les sommets des montagnes, on aperçoit les ruines de plusieurs châteaux.

Des villages qui sont dans les environs, on apporte des comestibles et diverses sortes de fruits, que l'on vend aux pélerins. Les chemins sont difficiles. On voit encore ici un khan bâti par Baïram pacha. Deux routes conduisent de Tchaked à Adana, l'une est appelée Karga-Kesmes قرغه کسمز (l'Inaccessible aux Corneilles), et l'autre It-Yelmez ایت یلمز (l'Impraticable aux Chiens). On ne parvient à Adana qu'après avoir franchi la montagne. En suivant le premier chemin, on évite le trajet de la rivière de Tchaked ; tandis que par le second, on la traverse près du khan qui porte le même nom pour arriver à Adana, mais dans ce cas on se trouve dans la nécessité de passer l'eau plusieurs fois.

Adana (2) آدنا à 9 h. de Tchaked.

Adana, appelée originairement Ardena اردنا, à neuf heures de Tchaked, chef-lieu d'un Eïalet (gouvernement-général), demeure ordinaire d'un pacha à deux queues, possède un château. La construction de cette ville, commencée par le khalife Rachid, fut terminée, après la mort de ce dernier, par son fils Mehemmed. Le

(1) Cette gorge ou Derbend était appelé autrefois Ciliciæ-Pylæ. B. du B.

(2) L'ancienne Adana. Adana a été observée par Niebuhr à 36° 59' de latitude. B. du B.

fleuve Sihan سيحان, qui est le Kizil-Ermak (1), coule sous ses murs. Adana est une grande justice municipale (caza قضا), renfermant un medressè (collége) et une djamie, bâtie par Piri pacha, ainsi que d'autres temples, des bains publics et de beaux marchés. Elle est le chef-lieu même du liva de ce nom, et fut conquise, en 891 (1486), sous le règne du sultan Baïazid. On y remarque entre autre une jolie djamie, bâtie par Ramazan-Oglou, dont l'architecture est décorée de briques émaillées (2). Piri pacha, qui était de la famille des Ramazan - Oglou, a rebâti la forteresse et construit un bain public. L'excessive pesanteur de l'air qu'on respire dans cette ville oblige la plupart des habitans à passer l'été dans les iaïlaks. On a élevé sur le Sihan un grand pont avec deux entrées, où des receveurs perçoivent un droit imposé aux marchands. Des moulins construits avec art garnissent les bords du fleuve.

Le Sihan سيحان, qui sort de la montagne de Kormouz جبل قورمز, dans le voisinage de Kaïsariè قيصريه (Césarée), coule d'abord sous les murs de cette ville, et passe ensuite devant Tchaked; là, il prend le nom de *rivière de Tchaked* چاقد صويى ; passant peu après par Aïas اياس, il se mêle aux eaux du Djihan جيحان (3) et va se jeter dans la mer de Roum ou la mer Blanche, entre

(1) Ce Kizil-Ermak, appelé aussi Sihan, et qui est le Sarus des anciens (*Voy.* Procope, *De Ædif.*, lib. v, cap. 5; Xenohon; Anabas, lib. 1, cap. 4; Tite-Live, lib. XXXIII, cap. 41.), n'a rien de commun avec le Kizil-Ermak ou Halys qui se jette dans la Mer-Noire ou le Pont-Euxin. B. du B.

(2) M. de Nerciat qui a vu plusieurs de ces temples, assure que les couleurs dominantes de ces briques émaillées sont le bleu lapis, le jaune, le noir, et qu'elles sont souvent chargées de lettres dont l'arrangement, qu'on peut modifier à volonté, forme des inscriptions.

(3) On craint qu'il n'y ait ici méprise parce que le Sihan ne passe pas par Aïas du bord de la mer, mais il pourrait y avoir un autre Aïas dans les terres; et si le Sihan et le Djihan mêlent leurs eaux, ce ne peut être qu'au-dessus d'Adana: car à partir de cette ville, ils prennent chacun une direction contraire pour se jeter à la mer. Il est vrai aussi de dire que le Djihan ou Pyramus a changé de cours. B. du B.

Aïas et Tersous. Les pélerins s'arrêtent un jour à Adana, y paient les journées des muletiers et distribuent des bakhchiches.

Messis (1). مسيس à 6 h. de Adana.

Messis, à six heures d'Adana, sur le Djihan, se compose de deux forteresses, situées l'une en face de l'autre; la première est appelée Kufr-Bina كفربنا (Fabrique des Infidèles), et la seconde مصيصه Messissè. On a élevé un pont en pierre sur la rivière qui coule entre ces deux forteresses. A l'une des extrémités du pont, du côté d'Adana, il existe un collége tombé en ruine. Suivant la renommée, ce lieu est celui des sept stations. On voit en face un autre fort, ainsi qu'une djamie, un khan et les maisons des soldats de la garnison. On dit que ce lieu renferme les tombes vénérées de cinq prophètes.

Messis est le chef-lieu même du liva de ce nom. Elle fut conquise en l'année 84 de l'hégire (703). Il existe, dans son voisinage, une montagne appelée Djebel-Elnour جبل النور (la montagne de la lumière), dans laquelle on trouve de belles hyacinthes, diverses autres sortes de fleurs et de la mandragore de la plus belle espèce. Cette montagne s'étend depuis Messis jusqu'à la mer. Le nom du fleuve Djihan جيحان, prononcé par le peuple se change en celui de Djihan-Souïi جهان صويى (la Rivière du Monde). Cette dernière prend sa source à Elbestan البستان, et se joint ensuite au Sihan سيحان (2). On perçoit également ici un droit sur les marchands. Entre Messis et Kourd-Koulak, il existe, sur la droite de la grande-route, un vieux château ruiné, appelé Chah-Meran شاه مران, que l'on dit être rempli de serpens et que l'on aperçoit de la route. Sur ce même chemin, en entrant dans la vallée, on découvre un espace immense dont la vue ne peut atteindre le terme. C'est des

(1) L'ancienne Mopsuestia.
B. du B.

(2) Ici notre auteur ne s'accorde nullement avec d'Anville. Ce géographe place El-Bestan, ou suivant lui El-Boustan, aux sources du Seihoun et ne fait point communiquer cette rivière avec le Djihoun. Toutes deux, sur sa carte, coulent presque parallèlement jusqu'à la mer où elles ont des embouchures différentes.

villages de cette vallée que l'on apporte du lait, du pain et autres comestibles, que l'on vend aux pélerins. Ce chemin offre une pente assez difficile. Dans le voisinage de ce château et en descendant une élévation, on arrive dans la vallée appelée Tchokour-Ova چقوراوه (la Vallée de la Fosse); c'est une vaste plaine, et la demeure ordinaire des Turcomans. Ces lieux, du reste assez dangereux, produisent de bons chevaux et des tapis recherchés (1). On prétend que le sage Locman (2), en parcourant les montagnes des environs, y découvrit un nombre considérable de médicamens précieux.

Kourd-Koulak (l'Oreille du Loup), à neuf heures de Messis, est un grand khan renfermant le logement d'un aga et les maisons des soldats ou gardiens. Ce lieu dépend du liva de Messis. L'air en été y est pesant. On y voit en outre le khan de Baïram pacha. Le chemin est sablonneux. Entre Kourd-Koulak et Païas sont situés les lieux appelés Timour-Kapou تيمورقپو (le pont de Tamerlan) (4), Bournaz-Keuprissi بورنازكپريسى (la porte de l'homme au grand nez), et sur le bord de la mer, Uzir عزير (Esdras), appelé autrement Matakh مطخ. Timour-Kapou est une voûte bâtie en pierre, sous laquelle on passe. Le chemin qui y conduit est un peu boisé et dangereux. On fait également payer ici un droit aux marchands.

Kourd-Koulak (3). قورد قولاق à 9 h. de Messis.

Païas, à onze heures de Kourd-Koulak, est une petite ville

Païas (5). پياس à 11 heur. de Kourd-Kolouk.

(1) Je passe ici une fable des plus absurdes sur le prophète Daniel et l'ange Gabriel.

(2) Personnage célèbre chez les Arabes, et sur la naissance duquel les historiens orientaux ne s'accordent pas. On croit cependant qu'il était esclave Ethiopien et contemporain de David. On lui attribue un grand nombre de sentences et d'apologues qui expriment la plus haute sagesse et dont la conformité avec celles d'Esope a fait croire longtemps à l'identité des deux personnages.

(3) L'ancien Tardequeia, suivant d'Anville. B. du B.

(4) Ou Demir-Kapou (la porte de fer), les Amanicæ Pylæ suivant M. Leake. B. du B.

(5) D'Anville croit que c'est l'ancienne Baiæ. B. du B.

située sur le bord de la mer, renfermant des djamies, des khans et des marchés bâtis en pierres. Au milieu de l'un de ces derniers, se trouvent deux grands khans, situés l'un en face de l'autre, et à l'issue de la rue, un bain et un château. L'air est ici très-pesant. Païas abonde en oranges, citrons, grenades, raisins et diverses autres espèces de fruits. Des marchés bâtis en pierres, des khans et une djamie ont été construits par Sakouli-Mehemmed pacha connu sous le nom d'Ibrahim-Khan-Zadeh, l'un des vesirs du sultan Suleïman. Le liva de ce lieu est Messis, qui dépend d'Alep en Syrie. Entre Païas et Beïlan, il existe, sur le bord de la mer un endroit appelé Sakal-Toutan, صقال طوتان où l'on voit un château en ruine. Le chemin en est difficile et pénible. On trouve sur le sommet de la montagne, un autre fort, appelé Merkez مركز (le centre), auquel on n'arrive qu'après avoir passé le défilé de Bagras-Beli بغرس بلی (1); il y a ici une garde particulière. On voit dans ce défilé un joli village appelé Ilik ایلك, où l'eau est fort rare. Païas possède un Iaïlak incomparable. Iskenderoun اسكندرون (Alexandrette) (2), dans son voisinage, est également située sur le bord de la mer. Cette petite ville se compose d'un château, de quelques maisons, de boutiques et des habitations des Consuls. Le château a été bâti, du temps du khalife Vasik, par Ibn-Abi-Davoud. Iskenderoun, qui dépend de la Syrie, est le port de la ville d'Alep.

Beïlan (3). بيلان à 9 heur. de Païas.

Beïlan, à neuf heures de Païas, est une ville assez considérable, renfermant des khans, des bains publics et des maisons nombreuses. L'air y est pur, et l'eau très-douce. On trouve dans cette ville, qui dépend d'Alep, des kufter-soudjouk renommés, du raisin et diverses sortes de fruits. Le khan a été bâti par le sultan Suleïman, et la djamie, par sultan Sélim. On perçoit dans

(1) Ici sont les Pylæ Ciliciæ. B. d. B.

(2) L'ancienne Alexandria Cataïsson. B. du B.

(3) Beïlan a été observée par Niebuhr, à 36° 30 de latitude. B. du B.

cette ville un droit sur les marchands. Les environs offrent de hautes montagnes et un château appelé Bedri-Gafir بدر غفير.

Karamata-Khan, appelé communément par le peuple, Palamat Khani پالاماط خانى, est un grand khan situé à quatre heures de Baïlan. Ce lieu, malgré la difficulté du chemin, possède un village dans sa dépendance. Karamata-Khan. قراماطه خان à 4 h. de Beïlan.

Antakiè (Antioche), à quatre heures de Karamata-Khan. Les murailles de cette ville ont été élevées à la même époque que celles de Messis et de Hamah, par ordre du prince Antakious (Antiochus), du temps d'Alexandre-le-Grec. On assure, d'après une tradition populaire, que ce personnage étant tout-à-fait privé, durant les nuits, de la jouissance du sommeil, et ayant appris des docteurs, que le climat de ce pays disposait à dormir, y bâtit la ville de Antakiè, afin d'y jouir de cette faculté qui lui manquait. La circonférence de cette ville est de douze milles; ses murailles, qui s'aperçoivent à une grande distance, sont percées de sept portes, dont trois donnent sur l'Assi (l'Oronte), qu'il faut passer pour y pénétrer. Ce lieu abonde en eaux douces des plus excellentes. Le fleuve est couvert d'un grand nombre de ponts bâtis en pierres, et ses rives garnies de moulins. Antakiè est une très-grande justice municipale (caza), renfermant plusieurs djamies, des mosquées, des bains publics, des carrefours et des marchés. Habib-Ul-Nedjar est enterré dans ces lieux. Près de sa tombe en est une autre, où l'on prétend que repose Hazret-Chim'oun (Saint-Simon) (2), et où les fidèles vont en pélérinage. On visite également dans une des parties du bain qui est près du marché, le lieu où sont déposées les cendres de Sacca-Mehemmed-Effendi, l'un des cheikhs d'Ibrahim-Edhem. La forteresse embrassant un vaste espace, en partie boisé et garni de Antakiè (1). انطاقيه à 4 h. de Karamata-Khan.

(1) Antiochia ad Orontem. Antakiè a été observée par Niebuhr, à 36° 12' de latitude. B. du B.

(2) Les Turcs ont en vénération plusieurs saints du christianisme.

broussailles, s'élève à droite et à gauche de la montagne dont elle couronne la crête.

Antakiè a été prise dans la 16e année de l'hég. (637). Cette ville dépend d'Alep en Syrie. On dit que la montagne appelée Likiam لكام, qui est dans les environs d'Antakiè, se joint au mont Liban لبان, qui est près de Damas, et que le Liban communique lui-même avec une autre montagne qui se trouve dans le voisinage d'un bourg nommé Eredj عرج près de la sainte ville de la Mecque. Le fleuve Assi نهر عاصي se nomme également Nehr-Orent نهر ارنط (Oronte) et Maghloub نهر مغلوب (le subjugué); le nom d'Assi عاصي (le rebelle), donné à ce fleuve, lui vient de la nécessité où l'on s'est trouvé, pour alimenter d'eau certains endroits, de la faire monter à l'aide de machines préparées à cet effet. L'Assi, qui prend sa source dans une caverne, au village de Ras راس, entre Hams حمص et Baalbek بعلبك, coule d'abord, par l'ouest, dans le lac de Couds قدس كولي (1), passe sous un pont, dans les directions de Hams et de Hama حما, se jette, par Chigour شغور (2), dans le lac d'Ifamiè افاميه كولي (3), ressort de ce dernier en passant par Derkiouch دركوش et Djesre-Hadid جسر حديد (le Pont de fer), tourne à l'ouest devant Antakiè et se jette enfin, à Suediè سويديه, dans la mer de Roum ou la mer Blanche (la Méditerranée). L'Assi, réunissant dans son cours les rivières de Menia نهر منيه, d'Afrin نهر عفرين et de Bagraki نهر بغراكي (4), devient lui-même un fleuve des plus considérables. Plusieurs endroits, comme nous l'avons déjà dit, sont alimentés d'eau à l'aide de machines hydrauliques. On assure que c'est d'An-

(1) C'est le même que d'Anville nomme *Bahr-al-Kades* ou lac saint.

(2) D'Anville écrit Shizar.

B. du B.

(3) La ville d'où ce lac tire son nom était jadis, sous celui d'Apamée, l'une des plus célèbres de ces cantons. C'était là, dit Strabon, que les Seleucides avaient établi leurs haras et l'école de leur cavalerie. Le terrain environnant abondait en pâturages et nourrissait jusqu'à trente mille cavales, trois cents étalons et cinq cents éléphans.

(4) D'Anville n'indique exactement aucune de ces rivières.

takiè que Jésus-Christ monta au ciel. Les pélerins s'arrêtent un jour dans cette ville, y paient les journées des muletiers et les Ykkiams.

Zembakiè, désigné également sous le nom de Namiè نامیه (1), est à sept heures d'Antakiè. Il n'y a dans ce lieu qu'un khan; mais les environs offrent beaucoup de villages d'où l'on apporte des vivres que l'on vend aux pélerins. Le fleuve Assi coule également dans cet endroit, qui abonde en olives et en figues excellentes.

Zembakiè. زنبافيه à 7 h. d'Antakiè.

Chegour, nommé autrement Chizer شيزر, à douze heures de Zembakiè, sur l'Assi. On y voit un grand pont bâti en pierre. Ce lieu est une petite ville renfermant des djamies, des khans, des bains publics, des carrefours et des marchés nombreux, ainsi qu'un château dans son voisinage. Parmi les djamies de cette ville, on remarque celle de Mehemmed aga, l'un des officiers de la maison du sultan, et une seconde ainsi qu'un khan, dus à la munificence de Keupruli-Mehemmed pacha. Chegour est entourée de jardins plantés de nombreux grenadiers, qui produisent des fruits excellens. On y trouve en abondance la fleur niloufer نيلوفر (nenuphar, lis d'étang), ainsi que du poisson en grande quantité. Ce lieu, qui fut jadis la capitale de Hatem-Taï, prince célèbre par sa générosité, a été enlevé aux Grecs par Aly-Ben-Makleh-Sedidul-Mulk. Cette ville, dont les chemins sont difficiles, est de la dépendance d'Alep.

Chegour (2). شغور à 12 h. de Zembakiè.

Medik, à douze heures de Chegour sur l'Assi, est une très-petite ville, renfermant une djamie, un khan, des maisons nombreuses et un château. Elle est dans la dépendance de Hama. Le château est situé sur le sommet d'une montagne, au pied de laquelle on trouve un khan, et non loin de là, un lac qui abonde en poissons. Il y a, entre Medik et Hama, deux endroits, dont l'un est une

Medik. مديق à 12 h. de Chegour.

(1) Ce lieu serait-il celui nommé Hamzié dans la carte des pachaliks d'Alep et de Bagdad de M. Rousseau? B. du B.

(2) Cette ville est l'ancien Seleuco-Belus. B. du B.

station appelée Teskhir-menzeli تسخیرمنزلی , et l'autre un château nommé شجر Chedjer (l'Arbre) (1), situé sur une élévation, au bord de l'Assi. On passe ici sur un pont qui porte le même nom que celui du château.

Hama (2). حما à 10 h. de Médik. Hama, à dix heures de Medik, antique cité dont il est question dans le livre des Israélites. Son ancien nom, dans les langues grecques, était Hamouna حامونا. C'est un pays admirable. La plus grande partie de cette ville donne sur l'Assi. La forteresse, qui est située dans un endroit agréable et élevé, a été bâtie par Antakious. Il existe sur l'Assi des machines hydrauliques, appelées Dolabs دولاب, et construites avec art (3). La plus célèbre, appelée Dolab-Mohammedi, est d'une grandeur étonnante. Le mouvement de cette mécanique alimente d'eau la plupart des quartiers de la ville, et l'endroit où elles sont toutes situées sert de promenade publique.

بيت

کور حما شهرين طولانمش کوشه کوشه آبلر
نهر عاصی به مطيع اولمش دونر دولا بلر

« Contemples la ville de Hama et ses eaux répandues sur divers points ; le » fleuve Assi (le Rebelle) fait tourner de nombreuses machines dont le mouve- » ment est soumis à ses lois. »

Hama est une ville magnifique, renfermant des djamies, des khans, des bains publics, des carrefours et de superbes marchés bâtis en pierre. C'est ici que la plupart des pélerins achètent la toile qui leur est nécessaire pour faire les ihrams (manteaux ou voiles pénitentiels), employés dans le saint pélerinage. Hama fut

(1) Ce lieu est appelé Shizar dans les cartes de d'Anville, de Paultre et Lapie, et Sheïzer dans celles de Rousseau. B. du B.

(2) L'ancienne Epiphania, appelée Hemath par les Syriens. C'était la résidence d'Abul-Feda, célèbre géographe arabe, prince de Hemath. B. d. B.

(3) Ce sont les roues hydrauliques dont parle Volney, et qui, de son temps, avaient jusqu'à trente-deux pieds de diamètre.

conquise dans l'an 14 de l'hégire (635); elle fait partie de la Syrie. Suivant les uns, ce serait une ville franche (مستقل mustekil), et suivant d'autres, elle dépendrait de Tripoli. On y trouve du fruit, et notamment des abricots excellens. L'air y est pesant. Elle renferme entr'autres un grand bain bâti par Essade pacha, et incrusté en marbre de diverses couleurs. Le vénérable Obeïdè-Ben-el-Djerah (dont Dieu a été satisfait), ainsi que Abou-Elïas Samarkandi, auteur d'un commentaire célèbre, y sont enterrés. On visite également, dans le voisinage de ces derniers, la tombe de Baïazid-Bestami. Entre Hama et Hams, est un village appelé Rastan راستان (1), dont on passe le pont. La caravane s'arrête ordinairement un jour dans cette station; elle y paie les muletiers et distribue des bakhchiches.

Hams, à dix heures de Hama, appartient à l'une des parties les plus intéressantes de la Syrie. Cette ville est, selon le Hadis, un lieu de bénédiction et l'une des cités du Paradis. Les murs de cette ville, jadis florissante, ayant été élevés par Hams fils de Mehr, l'un des Amalekites, en ont conservé le nom. On garde religieusement dans la forteresse, un coran écrit de la main même d'Omar, connu sous le nom de Khaled fils de Velid. S'il arrive, chose fort rare, qu'on retire ce livre de l'endroit où il est déposé, on assure qu'il tombe alors une pluie aussi abondante que les eaux du déluge. Aussi est-il prouvé et reconnu de tout le monde que si dans les temps de sécheresse on a recours à ce livre, Dieu fait aussitôt cesser la calamité. On boit généralement à Hams l'eau de l'Assi. A l'ouest de la ville est un lac dans lequel on pêche du poisson d'une espèce toute particulière. Dans la direction de l'est à l'ouest, se trouve une digue (سد sed) (3) de douze cent quatre-vingt-six coudées (ذراع zira) de longueur, et

Hams (2). حمص à 10 h. de Hama.

(1) Rastan est l'ancienne Arethusa. B. du B.

(2) L'ancienne Emessa, patrie d'Héliogabale. B. du B.

(3) Je ne puis garantir ici que l'objet en question soit précisément une digue; car le mot *sed* سد à cette signification joint aussi celle d'un mur

de huit coudées de largeur, dont on attribue la construction à Alexandre. Au milieu de cette dernière s'élevaient deux tours formées de quarante pierres. Les habitans de Hams sont renommés pour leur beauté et leur simplicité Les femmes surtout ressemblent à des anges par les grâces et les charmes de leurs manières. La ville en elle-même est une grande justice municipale, renfermant des djamies, des khans, des bains publics, de superbes marchés bâtis en pierre, et des jardins dont la terre est d'une grande fertilité. Hams fut conquise en l'an 14 de l'hégire (635). On a observé qu'il n'y a dans cette ville ni serpens, ni scorpions. On dit qu'elle recèle les tombes de trente grands prophètes et celles de plusieurs autres personnages célèbres, tels que Amrou, fils d'Omia, la sainte mère des croyans, Umm-Selmè, l'une des épouses du prophète, le khalife Eumer, fils d'Abdul-Aziz, et le cheikh Aboul-Nedjib-Elschverdi-Djemal-Eddin. Toutes ces tombes servent de buts de pélerinages.

Iki Kapouli. ایکی قپولی à 12 h. de Hams.

Iki-Kapouli (les deux portes), nommé autrement Hassiè حسیه (1), à douze heures de Hams, est un khan dans l'intérieur duquel demeure l'aga, et qui réunit, dans son voisinage, les maisons des gardiens ou soldats. Entre Iki-Kapouli et Nebk نبك, il existe un château qui porte en même temps les noms de Perendj پرنج, de Masgar مصغر, de Burudj بروج (les tours), et de Khan-Atch خان عطش. Il n'y a point d'eau courante dans ces lieux. Lors du passage de la caravane, la forteresse que nous venons d'indiquer est occupée par les soldats de la garnison de Damas afin qu'ils soient à portée de protéger et de défendre les pélerins. On rencontre dans les environs un village appelé Karalar قرەلر (les noirs). A partir de ce dernier jusqu'à Damas, on rencontre, de distance en distance, des réservoirs souterrains qui se remplissent des eaux de la pluie et qui sont destinés aux besoins des voyageurs.

d'encaissement, d'une chaussée et d'une écluse. C'est probablement la digue Bahr-al-kods ou Lac Saint.

(1) C'est ce dernier nom qui est indiqué par d'Anville et qu'il écrit Hassia.

Nebk, à neuf heures d'Iki-Kapouli, est un village dépendant de Damas et situé sur le bord d'une rivière ; il renferme une djamie, un khan et quelques maisons ; on y trouve des poires excellentes de l'espèce appelée Bozdigan (poires massues), et de l'eau douce.

Nebk. نبك à 9 h. d'Iki-Kapouli.

Katifè (le velours) (1), à neuf heures de Nebk, est un village dépendant de Damas, qui renferme la djamie de Fatih-ïemen-Sinan pacha (le conquérant de l'Yémen), un khan et un bain public. Ce lieu contient en outre des maisons assez nombreuses et de l'eau douce. C'est ici que se trouve la sation d'Abdul-Kadir-Guilani. Après avoir passé le lac de Katifè, on aperçoit Damas.

Katifè. قطيفه à 9 heur. de Nebk

Dimichk (Damas), surnommé Djennet-mecham جنت مشام (odeur de paradis), à sept lieues de Katifè. Depuis Scutari jusqu'à Damas, (nous avons vu) qu'il y avait six séjours, otourak اوتوراق, et trente-sept stations ou étapes, konak قوناق : cependant à raison des pluies, de la boue et des retards occasionnés par l'inconstance du temps, la caravane ayant été forcée de s'arrêter dans les intervalles des étapes ordinaires, il résulte que le nombre de ces dernières est plus considérable que de coutume. Il y a de Constantinople à Damas, trois cent trente-trois heures et demie de marche. La caravane, en venant de la capitale, s'arrête, la nuit du jour qui précède son arrivée à Damas, dans le village appelé Ala-keuï الاكوي, et n'entre dans la ville que le lendemain matin. Au retour, elle passe la nuit dans le village de Roumè رومه, et se rend le jour suivant à Katifè.

Dimichk (2). دمشق à 7 h. de Katifè.

Description de la province de Cham شام (3) (*la Syrie*).

Cette contrée porte également les noms de Arz-Moukaddesè ارض مقدسه (la terre sainte), de Arz-Kenaan ارض كنعان (la terre de

(1) D'Anville nomme ce village Kteifa.

(2) Damas (Damascus). B. du B.

(3) Le mot de Cham (la gauche)

Canaan), et, dans la langue des anciens grecs, Souria سوريا ; le nom de Cham شام (la gauche) lui a été donné par les enfans de Canaan, pour indiquer sa position relativement à la Mecque (1). Suivant d'autres traditions, ce même nom serait celui de Sam سام, fils de Nouh نوح (Noé), qui, dans la langue syriaque, s'écrit par un sin س ponctué سين معجمة, et se prononce Cham شام.

La Syrie est le pays des prophètes; le centre de réunion des êtres les plus purs; la mine des contrées; le premier point (kiblè) vers lequel les hommes se soient tournés pour faire la prière; le lieu de toute concentration et de tout développement. Il est généralement prouvé que c'est dans la Syrie, non loin de la sainte maison, dans un lieu qui porte aujourd'hui le nom de Khalil-Ur-rahmân (l'ami de Dieu), ou de Beït-Djiroun, que reposent les cendres des saints patriarches Abraham, Isaac et Jacob (que le salut soit sur eux).

Les biens de ce monde, au dire d'Abdullah Amrou-ben-el-Assa, se divisent en dix portions; neuf se trouvent dans la Syrie, et la dixième est le partage du reste de la terre. Ce fut surtout du temps des enfans d'Israël, que la Syrie était des plus florissantes. Cette contrée se divisait en douze Etats سلطنة saltanet, dont chacun avait un chef indépendant. Comme le climat est beau et tempéré, la plupart des habitans sont sains et vigoureux. Ce pays est surtout remarquable par l'abondance de ses productions, l'excellence de ses comestibles, l'agrément de ses habitations et la beauté de ses produits d'industrie. Presque partout la terre est bien cultivée; sa fertilité est telle qu'elle produit, sur quelques points, jusqu'à cent pour un. Les champs, les vertes prairies et les paturages y sont aussi nombreux que renommés. Dieu a émaillé les plaines et les montagnes, des fleurs les plus variées,

désigne également la Syrie et la ville de Damas; cependant on se sert de préférence, pour indiquer cette dernière, du mot Dimichk.

(1) Et par opposition à l'Yémen يمين, qui signifie la droite ou le pays de la droite.

telles que des hyacinthes, des narcisses, des tulipes et des basilics. Les fruits y sont également en abondance, particulièrement les abricots-pêches (1), les pommes, les poires, les cerises, les pistaches dites de Syrie, (fistik-cham), celles du pays de Roum, (fistik-roum), les bananes, les cannes à sucre, les figues, les coings, les pêches, les grenades, les fruits du myrte, les noix, les amandes, les mûres, les olives, les oranges, les citrons, les melons et les pastèques. Toutes ces productions s'y trouvent en profusion, et sans interruption pendant toute l'année (2).

Ainsi que les innombrables tombes des prophètes, la Syrie renferme celles d'une infinité de personnages pieux et célèbres, de saints recommandables par l'évidence de leurs miracles, de cheikhs et de khalifes. On a dit des habitans de la Syrie, qu'ils sont l'un *des glaives de Dieu*, *et que c'est par eux qu'il se venge de ceux qui osent lui résister.*

Description de la ville de Damas.

Damas est la capitale de la province; cette ville, comparable au paradis, est un mollalik ou office de juge de cinq cents aspres, et la résidence d'un vizir (pacha à trois queues) (3). Des volumes nombreux ont été composés pour décrire les beautés et les agrémens de cette cité célèbre. La plupart des lieux qu'elle renferme sont mentionnés dans les livres sacrés du hadis et du coran. On assure qu'elle contient les tombes magnifiques de cinq cents grands prophètes. Le siège de Damas fut commencé sous le khalifat d'Aboubecre dit le Juste, dans la 13e année de l'hégire (634), et conduit par le généralissime Abou-Abidê (dont Dieu a été sa-

(1) Malum Armeniacum majus.

(2) Cette abondance de toutes les choses nécessaires aux besoins ou aux agrémens de la vie est confirmée par les relations de presque tous les voyageurs modernes. *Voyez*, pour la description de Damas, le voyage d'Aly-Bey, vol. III, pag. 226.

(3) Les mollas ou juges sont obligés d'acheter leurs offices dont le prix se règle selon l'importance des lieux.

tisfait). A la mort du khalife, son successeur Eumer (Omar), parvenu au khalifat, confirma le susdit général dans les fonctions dont il était revêtu, et envoya à son secours Khaled fils de Velid, aidé de plusieurs guerriers. La ville, d'après ce qu'on rapporte, fut prise le quatorze de la lune de redjeb, à la suite d'un siège de soixante jours. Ses murs, selon la tradition, ont été construits par Demchak دمشاق fils de Sam, et percés de sept portes, au-dessus de chacune desquelles il avait représenté le symbole d'une des sept constellations. Il donna à la ville elle-même le nom de Dimichk دمشق. La porte située à l'orient, qui est une de celles de la forteresse, était surmontée de la figure du soleil; la seconde dite de Toma, de celle de Vénus; la troisième nommée Djembik, de celle de la lune; la quatrième appelée Fèràdis, de celle de Mercure; la cinquième Djabïà, de celle de Jupiter; la sixième, dite la petite porte, de celle de Mars (1), et la septième Kisam, de celle de Saturne. Dans la suite, le khalife Noureddin Chehid a ouvert une huitième porte dite Bab-Faradj. Il en existe encore une autre que l'on appelle *Bab el-Nasr* (la porte de la Victoire). Les murailles de la ville ont été rebâties en l'an 500 de l'hég. (1106). Les forces militaires de Damas consistent en deux mille hommes pour la garde de la forteresse; quatre cents Djèbedjis (soldats armuriers), neuf cent quatre-vingt-seize kilidj (cuirassiers à cheval) (2), cent vingt-huit ziamets (3), et huit cents soixante-huit timars (4) enregistrés ou non enregistrés. La ville renferme beaucoup de djamies, de mosquées, de collèges, de cloîtres, de lieux de retraite, d'hôpitaux et de bains publics; le nombre seul de ces

(1) Les Turcs nomment cette planète ou ce dieu de la fable : le bourreau du ciel, *félégun djelladi* فلكك جلادي.

(2) Tout possesseur de fiefs, dans l'empire Ottoman, est tenu de fournir un de ces cuirassiers pour chaque somme de trois mille aspres de son revenu, quotité appelée *kilidj* قلج, sabre.

(3) Possesseurs de fiefs militaires ou sipah, dont le revenu excède vingt mille aspres. M. D'OHSSON.

(4) Possesseurs de fiefs dont le revenu rend moins de vingt mille aspres.

derniers excède deux cents. Il y a un couvent de derviches Mevlevites, où ces moines s'acquittent, les jeudis, des pratiques instituées par leur fondateur. La plus grande des djamies est celle appelée djamie Oumméviè. Ce temple, qui fut entièrement rebâti à neuf, dans le siècle des Ommiades, en l'an 96 de l'hég. (714) et sous le califat de Veli-ud Din Abdal-Melik, a conservé depuis ce temps, le nom qu'il porte aujourd'hui. Il s'appelait originairement l'église de Iouhanna (St-Jean-Baptiste). Cette djamie, lors de sa restauration, avait reçu de grands embellissemens, mais elle fut fortement endommagée à la suite d'un incendie qui eut lieu en 460 de l'hég. (1067). Ce temple est situé au milieu de la ville. Lors de la conquête de Damas par les Musulmans, ces derniers s'emparèrent, par le droit du glaive, de la moitié de cette djamie, et confirmèrent, par capitulation, la jouissance de l'autre moitié aux infidèles. Les choses restèrent soixante ans sur ce pied; mais en l'an 86 de l'hég. (705), les habitans (musulmans) de Damas, réunis au khalife Velid, se plaignirent hautement de l'inconvenance qu'il y avait pour eux de se trouver réunis dans un même lieu avec les adorateurs des idoles (1). Cependant comme on ne pouvait, en vertu du traité, expulser les infidèles de la partie du temple qu'ils occupaient (2), on s'avisa, pour atteindre ce but, du stratagême suivant : Les musulmans s'ameutèrent et menacèrent de détruire l'église de Thomas, située hors de la ville, qui avait appartenu à un individu de ce nom, gendre du Kaïsar (l'empereur grec), et qui n'était point comprise dans la capitulation. Ce lieu étant l'objet d'une vénération toute particulière des infidèles, ils consentirent à un arrangement à la suite duquel ils abandonnèrent la jouissance de la moitié de la djamie, pour conserver l'é-

(1) C'est ainsi que les Turcs désignent les Chrétiens, à cause des tableaux et des statues qui se trouvent dans les églises.

(2) Cette circonstance est encore une preuve qu'on pourrait ajouter à celles qu'on a déjà sur la fidélité et l'exactitude religieuse des Turcs à observer les traités conclus par leurs ancêtres.

glise susdite. C'est ainsi que la totalité de ce temple fut enfin éclairée de la lumière de la foi de Mahomet (que la bénédiction et la paix de Dieu soient sur lui.) La tombe respectée où est déposée la tête fortunée du vénérable martyr Iahïa (St-Jean fils de Zacharie) est au milieu de la djamie (1). Ce monument est l'objet d'un pélerinage général.

بيت

مظهر مرحمت حضرت مولا اولدق
روضهٔ حضرت يحيايه جبين سااولدق

« Pour avoir touché de notre front la tombe de ce saint personnage, nous » sommes devenus l'objet de la miséricorde divine. »

La rivière Banias coule dans l'intérieur de la djamie, près de la muraille du sud, où se trouvent des jets d'eau, et des conduits qui distribuent les eaux dans les diverses parties du temple. On pense que ce dernier subsistera encore quarante ans après que la terre aura été détruite. On croit aussi que le prophète Khader (Elie) (que le salut soit sur lui) y vient chaque jour faire son namaz. Ce temple est orné de trois minarets, l'un situé à l'ouest, appelé *Occidental*, l'autre à l'orient, dit le Minaret-de-Jesus ou le Minaret-Blanc. On croit que c'est sur ce dernier que Jesus descendra sur la terre (à la fin du monde) ; le troisième, qui se trouve à la partie septentrionale de la muraille, près d'une porte, est appelé le Minaret de l'Épouse. Soixante-quinze muezzins (chantres) sont attachés au temple, douze d'entre eux, aux heures déterminées, entonnent en même temps du haut de ces minarets, l'appel canonique à la prière (Ezan). Les quatre sectes dont se compose la religion ma-

(1) Cette relique, objet de la vénération des Chrétiens et des Musulmans, est renfermée, suivant Ali-bey, dans une maisonnette en bois ornée de jalousies, de moulures d'ornemens, en or, et de peintures arabesques.

hometane (1) ont chacune dans ce temple un mihrab (autel) (2) et un imam particuliers. On y voit aussi, dans le sanctuaire et près de la chaire, deux corans écrits de la main des khalifes Osman et Aly; celui d'Osman fut apporté en l'année 492 (1098) de la ville de Teberiè طبریه. On assure que cet exemplaire, que le khalife lisait dans le moment où il fut tué, porte encore les marques de son sang. La longeur de la djamie est de cinq cent quarante-huit pas de l'orient à l'occident, et sa largeur, depuis le mihrab jusqu'à la porte, de cent cinquante pas. Son vaste portique est orné de trois jets d'eau, et les pourtours sont garnis de voûtes, que soutiennent des colonnes de marbre. Audessous des voûtes ou arcades sont placés des bancs et des sophas. Les medressés (colléges) sont en dehors. Il y a, dans la partie la plus secrète du temple, un puits dont l'eau est très-douce. A l'issue de la porte appelée Chadirvan, vers l'orient, et du milieu d'un bassin, jaillit, en sortant d'une source, une eau qui s'élève à la hauteur d'une lance. Plusieurs portes servent d'entrée à la djamie; la plus grande de toutes est celle appelée Bab-Djiroun (3). Indépendamment de ce temple, on voit encore, dans le quartier de la ville appelé Gueuk-Meïdan کوك میدان (le champ du ciel), une djamie admirable nommée Seuleïmaniè, du nom de son fondateur le sultan Soliman. Cet édifice, construit dans le goût de la Romélie est orné de deux minarets. Il réunit dans sa dépendance un imareth impérial, un medressè et un hopital. L'endroit où il est situé sert de promenade publique. Damas possède un grand nombre d'autres temples du premier ordre, construits également dans le goût de la Romelie, les plus remarquables sont

(1) Ces quatre sectes sont celles des imans Abou-Hanifé, Malik, Chafi et Hambal.

(2) Le mihrab consiste en une cavité ou espèce de niche haute de six à huit pieds, pratiquée dans le mur, au fond de l'édifice, et qui n'a d'autre objet que d'indiquer la position géographique de la Mecque.

(3) L'auteur s'étend beaucoup sur les noms et la situation de ces portes, j'ai cru devoir, dans ce passage comme dans plusieurs autres, ne pas traduire des détails superflus.

la Dervichiè, djamie de Derviche pacha, située près du palais vizirial ; la Sinaniè de Sinan pacha, et à la sortie de la ville sur le chemin des pélerins, celle de Cara-Mourad pacha. Noureddin-Chahid à fondé à l'entrée de Damas un timar-khanè (hopital des fous) (1). Parmi les beaux édifices dont cette ville est remplie, on remarque surtout le khan d'Essad pacha, ainsi que le bain incomparable qui se trouve dans son voisinage. Les marchés (2) sont aussi magnifiques que nombreux ; les principaux sont : Sôk-Elzira, situé près du mur méridional de la djamie des Ommiades ; Sôk-Mourad pacha, près le mur occidental ; dans le voisinage de la forteresse, Sôk-Djidid-Sepah (le marché neuf des Sipahs), bâti par Chemsi-Ahmed pacha ; Sôk-Bezoriè (le marché aux toiles) ; Sôk-Tchakmak (le marché des pierres-à-fusils), et Sôk-Saroudjè (le marché aux selles). Les orfèvres occupent une partie du marché aux étoffes. Ce dernier marché est lui-même formé du Sôk-Sipahi. Les carrefours sont très-multipliés. Il en est de même des cafés élégans qui servent de but de promenade et de rendez-vous aux habitans. Les endroits appelés Bab-Esselam, باب السلام (la porte du salut), Gueuk-Maïdan كوك ميدان (le champ du ciel), et les jardins situés entre Damas et Salahié, ainsi que Taht-el-Kala تحت القلعه (le bas du château), et les lieux de plaisance qui l'entourent, sont remplis de vergers et de vignes innombrables. Ces derniers endroits (3) contiennent également des djamies, des mosquées, des medressès, des cloîtres, des maisons nombreuses et des khans. Les bains publics y sont alimentés par des eaux limpides et abondantes. Sept rivières coulent dans l'intérieur de Damas (4). Cette ville est en outre, rafraichie par les

(1) Tous ces hopitaux sont réservés aux Mahométans, on n'y reçoit même personne sans un ordre du gouvernement, émané d'après un acte juridique qui constate formellement l'état de démence du malheureux qu'on veut y introduire. M. d'Ohsson.

(2) Le mot *sôk* سوق, que j'ai cru devoir ici traduire par *marché*, signifie aussi *place publique*, *forum*, φόρος, ἀγορά.

(3) Espèce de faubourgs de Damas dont nous parlerons plus bas.

(4) Ces eaux sont les branches de deux rivières, qui, après s'être réunies,

eaux de plusieurs fontaines. Les principales sont Aïn-Varaka près de Bab-Esselam ; Aïn-Ali, Aïn-Zehb, Aïn-Loulouï, Aïn-Djaloud ; mais la plus célèbre de toutes ces fontaines, est Aïn-Zebiè. Il existe (hors de cette ville) un lac (1) qui reçoit l'excédant des eaux de la Baradè بَرَدَة et d'autres rivières. On y pêche diverses sortes de poisson et particulièrement de l'espèce appelée Balik-Emini بالق امینی. On chasse également sur ses bords, différens genres d'oiseaux. Les rues de Damas sont remplies de boutiques bien garnies, où l'on prépare des mets délicieux.

Cette ville a commencé à être bâtie par les Cananéens. Les parties intérieures et extérieures de la fortesse recèlent les tombes de plusieurs grands personnages, entre autres, celles de Moavïa, de Beleni-Habechi, de Abouderda, de Djafer-Teïar, de Habibè, la mère des croyans, du khalife Noureddin-Chehid, de Velid-Ben-Abdul-Melik et de Mahmoud-Zengui. Tous ces monumens sont, pour les fidèles, des lieux de pélerinage.

A une heure de Damas, on trouve un bourg très-considérable appelé Salahïè. Ce dernier, situé près de la montagne de Kassioun جبل قاسیون, renferme des djamies, des mosquées, des bains publics, des carrefours et des rues nombreuses. Salahïè. صالحیه

Les jardins qui environnent Damas communiquent directement avec ceux de Salahïè. Au mont Kassioun, qui domine la ville, se rattache le souvenir de plusieurs grands prophètes. Ici, à des distances différentes se retrouvent leurs diverses stations ; là, on

se divisent avant de pénétrer dans la ville. La première, appelée Berâdè بَرَدَة (la froide), prend sa source à huit heures de Damas ; ses eaux, quoique abondantes, sont de mauvaise qualité, et ne seraient point potables si elles n'étaient mêlées avec l'eau de la seconde rivière, appelée *Fichèe*, et qui prend naissance auprès d'un village de ce nom, à cinq heures de distance au nord de Damas. Voyez, pour plus de détails sur ces eaux, le voyage d'Alibey, vol. III, pag. 228.

(1) Ce lac est à sept heures de Damas ; il se nomme Hotaïbè ou Bahirât el-Merdj بحیرة المرج (le lac du pré), et peut avoir sept à huit lieues de circonférence.

rencontre successivement le tombeau d'un grand personnage, d'un cazi-asker ou d'un cheikh. On rapporte que plusieurs événemens ont eu lieu dans une caverne qui se trouve au sommet de la montagne; c'est dans ce lieu qu'a été répandu le sang du martyr Abel (que le salut soit sur lui), qu'Elie est resté caché pendant dix ans, que le martyr Iahïa (Saint-Jean) s'est réfugié avec sa vénérable mère, que Issa (Jesus) (que le salut soit sur lui) a fait, en commun avec ses apôtres, une prière qui a été entendue de Dieu. Indépendamment de cette caverne, il en existe plusieurs autres sur cette montagne, dans lesquels les hommes religieux et purs vont offrir à Dieu le tribut de leur adoration. Il en est une entre autres où l'on prétend que quarante prophètes sont morts de faim. Trois cent soixante sources, à ce qu'on assure, jaillissent des plaines et des montagnes qui environnent le bourg de Salahiè. C'est dans un village près de Damas, nommé Ezrè ازره, que naquit Ibrahim (que le salut soit sur lui), et qu'il choisit le lieu où il faisait sa prière pour y fonder une mosquée. Ceux qui font leur namaz dans ce même endroit sont réputés aussi purs que l'enfant qui vient de naître. En résumé, tant à Damas que dans ses environs, il existe un nombre considérable de lieux de pélerinages et de promenades délicieuses.

C'est ordinairement le 15 de la lune de Chewal que le mir-el-hadj pacha, conducteur en chef de la caravane (1), se rend à un endroit appelé Mezreïb مزريب, précédé de l'étendard sacré et de l'étoffe destinée au tombeau du prophète. Son départ s'effectue au bruit des instrumens de musique et des zembourcks (petits canons portés sur le dos des chameaux). Dans l'espace de trois jours, c'est-à-dire jusqu'au 18 du susdit mois, les pélerins sortent de Damas et se rassemblent tous à Mezreïb, où ils s'arrêtent quatre ou cinq jours et se dirigent ensuite vers la sainte ville de la Mecque, but sacré de leur voyage. L'étendard et la musique arabes font partie de la caravane jusqu'à la Mecque; et au retour, ces objets se conservent

(1) Le pacha de Damas.

à Damas jusqu'à l'année suivante. Dans cette armée de pélerins, se trouvent les cadi des deux villes saintes, le surrè-emini et les saccas-bachis. Jusqu'au jour où la caravane se met en marche, les tentes de ses divers personnages sont désignées par des mâts plantés devant chacune d'elles, et surmontés d'illuminations particulières. Une fusée tirée en l'air et trois coups de canon annoncent le départ du pacha de son palais, et la marche entière de la caravane s'effectue au bruit des instrumens de musique.

Ahmed-Pacha-Turbessi.
احمد پاشا تربه‌سی
ou Coubbet ul-Hadj.
قبّة الحاج

Ahmed-Pacha-Turbessi, ou Coubbet-Ul-Hadj *le Tombeau d'Ahmed pacha*, ou *la Voûte du Pelerin*. C'est ordinairent jusqu'à cet endroit que les habitans de Damas accompagnent les pélerins de la caravane. On trouve, en face de ce lieu, Mesdjid-Kadem مسجد قدم; plus loin, sur le chemin, un autre village appelé Kisoué كسوه, renfermant des arbres et des eaux courantes; et enfin, au détour de la route, Akarsa-Sou اقرسسو. Ici, la bonne qualité de l'eau la fait rechercher par les habitans de Damas.

Terkhanè - Khani.
ترخانه خانی
à 5 heur. de Damas.

Terkhanè-Khani, appelé également Khan-Kechk خان كشك et Khan-Zulnoun خان ذوالنون, à cinq heures de Damas. Le premier des noms donnés à ce lieu lui vient de ce qu'on y préparait autrefois des terkhanès (espèce de potages faits avec du lait aigre) que l'on distribuait aux pélerins; cette fondation pieuse, qui était due à Ibn-Hazi, est tombée en désuétude, et ce lieu n'offre plus maintenant qu'un khan en ruine. On nomme aussi cet endroit Kechinè كشينه. Le chemin ici est plat quoique pierreux. On y voit un lieu appelé Tel-Firaun تل فرعون (la colline de Pharaon), qui présente un vaste désert dont les environs sont néanmoins productifs. Il coule devant Tel-Firaun, une rivière sur laquelle on a jeté un pont; on y trouve un village dans un état prospère, fourni d'eau et que l'on appelle Khan-Zit خان زيت.

Sanèmin (1).
صنمين
à 12 h. de Terkhanè-Khani.

Sanèmin, nommé également Diar ديار, Sahraï صحراى, et Il يل, à douze heures de Terkhanè-Khan. Ce lieu, plus généralement

(1) Szanaméin, dans la carte de l'itinéraire de Burckhardt (*Travels in Syria and the Holy land*). J.

connu sous le nom de Turkman-Kawas-Oglou-Kariessi تركمان قواس اوغلی قریه‌سی (le village de Kawas-Oglou le Turkman), dépend de Damas. On retire de cet endroit, qui abonde en eau, des pierres meulières; il y a aussi diverses espèces d'oiseaux qu'on prend dans les roseaux et que l'on vend ensuite à Damas. Ici on passe sur un pont construit du temps du sultan Sélim. Non loin de là est une tour appelée également Guebagueb غباغب et Kara قاره, où des descendans du susdit Kawas-Oglou se tiennent pour veiller à la garde des pélerins. Une eau, sur laquelle on a jeté un pont, baigne les murs de la tour. Après avoir quitté cette dernière, on rencontre un village qui porte les deux noms de Dilé دیله et de Khoran-Abad خوران اباد. Une rivière considérable baigne les murs de ce village, dont la caravane traverse le pont. On traverse ensuite deux autres villages nommés Keskin کسکین (le tranchant) et Tefs طفس (la saleté), dans l'un desquels se trouve un khan. On passe encore ici sur un pont.

Mezreïb (1). مزریب à 7 h. de Sanèmin. Mezreïb, à sept heures de Sanèmin. Ce lieu, qui renferme un fort bâti du temps du sultan Sélim, dépend de Damas. Il est reconnu que c'est ici qu'Adam (sur lequel soit le salut) a semé, pour la première fois, du froment. Mezreïb fait partie du district d'Auran, et Auran est le pays du vénérable Eïoup (2). Comme les gens qui habitent ces contrées sont doués d'une belle figure, on pense que Chedad (Dieu nous en préserve) fit choix de leur race pour garnir de houris le paradis qu'il avait bâti. Une source coule au pied de la forteresse de Mezreïb; non loin de la source, se trouve un lac qui produit d'excellens poissons. Il est reconnu que le linge qui a été lavé à la fontaine susdite, engendre ensuite de la vermine. Il se tient à Mezreïb un grand marché où l'on vend diverses sortes de marchandises que l'on apporte de Damas et de ses environs. On visite près d'ici la tombe du cheikh Esmer-Te-

(1) Ce lieu est appelé El-Mezaraïb المزاریب, dans la carte de Burckhardt il est plus éloigné de Damas. On place ici l'ancienne Astaroth. J.

(2) Ce nom est celui de Job et de différens saints.

kerveri, pour l'entretien de laquelle il existe particulièrement une fondation pieuse (wakf). En se détournant un peu de la route, on trouve un village appelé Kichnè كيشنه, où il y a un grand nombre de sources. Les Arabes qui ont leurs demeures dans ces cantons, et qu'on appelle Arabul-djebel (Arabes des montagnes), ne sont qu'une troupe de rebelles ou de brigands qui s'emparent des environs de Damas, dont ils pillent et désolent les campagnes. Sur la route et dans la dépendance du district d'Hauran, il y a un village appelé Remtè رمته (1); le canton où il est situé se nomme Ezraat ازرعات (2) : mais le principal village est Remtè. Ce canton se nomme également Boutnia بوتنيه (3). De Remtè à Mefrek, on trouve deux colonnes en pierre; et à la droite de ces dernières, le village d'Ibadè عباده (l'adoration). Suivant l'occurence, les pélerins s'arrêtent quatre ou cinq jours à Mezreïb, y paient les journées des ykkams, distribuent des bachiches, et se dirigent ensuite vers la Mècque.

Mefrak (4). مفرق à 11 h. de Mezreïb.

Mefrack, appelé également Maaref معرف et Megreb مغرب, à onze heures de Mezreïb, est sur un terrein uni et dépourvu d'eau. En temps de pluie, il faut ici se tenir sur ses gardes : car il y a de nombreux torrens. On y voit un fort dont la garnison est fournie par Mezreïb. Le nom de Mefrack (la séparation ou l'embranchement) lui vient de ce qu'au retour de la caravane, la plupart des pélerins se séparent dans ce lieu et se rendent, en toute hâte, à Damas. Le chemin, à cause du torrent, est pierreux et difficile; pour peu qu'on craigne d'être surpris par les eaux, on s'arrête à Menè منه.

Aïn-Zerka. عين زرقا à 12 h. de Mefreak.

Aïn-Zerka (la fontaine azurée ou limpide) (5), à douze heures de Mefreak; lieu abondamment pourvu d'eau, devant lequel

(1) El-Remtha الرمثا, dans Burckhardt. J.

(2) Est-ce l'Izra de la carte de D'Anville? J.

(3) Ce canton est appelé *Bithinia* par D'Anville.

(4) El-Mefrak, dans Burckhardt; c'est à-peu-près à cette hauteur qu'est l'ancienne *Bostra*, aujourd'hui Bosra, à six ou sept lieues vers l'Est. J.

(5) D'Anville nomme ce lieu simplement Zerka, et Burckhardt, El-

coule une rivière et se trouve un fort. On dit que la rivière de ce nom, qui est à Médine, provient de la même source que celle qui est ici (1). Cette dernière produit d'excellens poissons. Le terrein environnant abonde en roseaux et en arbres de l'espèce appelée Zakoum زقوم (2). Aïn-Zerka est situé entre deux montagnes. A partir de ce point jusqu'à Balka, le pays forme une vallée où l'on trouve une gorge ou défilé étroit (bogaz بوغاز). Ce chemin est rempli de sinuosités. Ce n'est qu'après avoir surmonté toutes les difficultés de cette route que l'on arrive à Belateh بلاطه. De ce point jusqu'à Balka, le chemin est agréable et n'offre pas de boue. On trouve ici un khan ruinéappelé Khan-Zeït خان زيت. Au retour de la caravane, des gens qui viennent à sa rencontre, des confins de la Syrie jusqu'à ce lieu, apportent des vivres qu'ils vendent aux pélerins.

Balka (3). بلقا à 18 h. de Aïn-Zarka.

Balka, nommé également Mechta مشتا, Balat بلاط et Zir زير, est à dix-huit heures de marche de Aïn-Zarka. C'est un lieu privé d'eau, quoiqu'il y ait une forteresse et un reservoir. D'ici à Katranè, on franchit sept passages difficiles (akebè عقبه) (4), et l'on trouve quatre défilés (bogaz بوغاز), formant la sommité qui domine la vallée. Il existe dans ces environs, deux villages pourvus d'eau, appelés Azrak ازرق et Emri عمري, d'où l'on tire des cannes de roseaux d'une qualité supérieure. Azrak est un château en ruine situé à une journée de marche au N.-E., et entouré d'eaux et de dattiers. Emri est sur le chemin de Doma دوما, dans la direction de l'E. Les eaux de ce village, qui proviennent d'Aaman عمان, s'é-

Zerka الزرقع. L'ancienne *Gerasa*, *Djerash* est à 7 lieues ½ à l'O.-N.-O. J.

(1) C'est par suite d'un préjugé à-peu-près semblable que les Musulmans de Jérusalem pensent que l'eau de la fontaine de Nehemie, l'unique source qui se trouve dans cette ville, sort par un miracle de la toute-puissance divine, du réceptacle du puits de Zemzem à la Mecque.

(2) *Arbor infernalis, cujus fructus referunt capita dæmonum, et arbor spinosa in valle Hiericho fréquens, ex cujus fructu salutare elicitur oleum.* MENINSKI.

(3) El-Belka البلقاع, dans Burckhardt; à cinq lieues vers l'Est de Medaba, l'ancienne *Medaba.* J.

(4) *Jugum montis, locus ejus, qui difficilius adscenditur.* MENINSKI.

coulent vers Gaur غور, après avoir mis en mouvement deux moulins. Balka fait partie du district (ناحيه nahïè) d'Arden اردن (le Jourdain). On trouve au midi, une montagne appelée Djebel-Cherah جبل شراه, qui renferme les habitations des Arabes cultivateurs (fellah). Non loin de là, est une autre station nommée Uzir عزير, où l'on voit un khan en ruine, et où l'on trouve de l'eau du torrent. Selon la tradition, ce point est celui jusqu'où a pénétré notre seigneur et maître le Prophète de Dieu. Ici on quitte l'escorte de Aïn-Zarka.

Katranè (1). قطرانه à 16 h. de Balka.

Katranè, à seize heures de marche de Balka, renferme un fort et un grand réservoir construits par sultan Soliman. On apporte ici, du village de Chubek, des vivres que l'on vend aux pélerins. Chubek شوبك (2) est un village florissant entouré d'eau courante, de vignes, et situé à l'ouest de la route; il dépend de Jérusalem en Syrie. Katranè est sur la sommité qui domine la vallée. Ces lieux présentent plusieurs passages difficiles et des trajets aussi pénibles que fatigans.

A trois heures de marche plus loin, on trouve une gorge de montagne dangereuse et infestée d'un grand nombre de voleurs. Cet endroit se nomme Djoun-el-Gueregui جون الكركي (3). Guerek كرك est un fort qui a été élevé sur la droite du chemin. Du côté de Jérusalem, et à environ trois heures de distance, on rencontre une eau courante.

Tabout-Karoussi (4) تابوت قروسى à 11 h. de Katranè.

Tabout-Karoussi, appelé également Hassa حسا, à onze heures

(1) El-Katrany, dans la carte de Burckhardt, est placé plus loin de Zerka, et à six lieues vers l'E.-S.-E. de Kerek, l'ancienne *Carax* (*Voyez* aussi la carte de l'*Arabie centrale*, par M. E. J. M. D. L., pour le reste de la route; Paris, 1823. J.

(2) C'est le même que d'Anville nomme Schaubak.

(3) Karak, sur la carte de d'Anville. La plupart des désignations indiquées par notre auteur, depuis ce point jusqu'à Tebouk تبوك ou Assi-Khorma عاصى خرما, ne se trouvent pas sur la carte du géographe français.

(4) El-Hassa ou el-Ahsa, dans Burckhardt. Vers le S.-O., sont Gha-

de Katranè. Il y a ici un pont nommé Ledjoun لجون, que les pélerins traversent quelquefois lorsqu'ils veulent se pourvoir d'eau. Ce lieu renferme un fort et un réservoir. On redoute surtout ici la violence du torrent; on rapporte qu'une fois, entre autres, une grande pluie ayant assailli, dans ce lieu, la caravane des pélerins, les hommes seuls parvinrent à se sauver. Pendant trois heures qu'on parcourt cette vallée déserte, on foule presque partout un sol pierreux ; mais c'est surtout la sommité qui offre des lieux d'un abord difficile. Comme Jérusalem n'est pas éloignée (1), quelques Arabes en apportent des vivres qu'ils vendent aux pélerins. L'eau est ici fort rare. On quitte dans ces lieux l'escorte de Katranè. Cet endroit rappelle l'événement arrivé à Mohammed-el-Hanefi, l'un des fils d'Ali. Non loin de là, se trouve un lieu appelé Uzeir-Sultan عزير سلطان, dont le sol est rocailleux et où s'arrêtent quelques-uns des pélerins. Ce pays abonde en lièvres. On y visite la tombe solitaire où sont déposés les restes du cheikh Djelal-Eddin.

Zahri-Enizè (2). ظهر عنيزه à 18 h. de Tabout-Karoussi.

Zahri-Enizè, à dix-huit heures de marche de Tabout-Karoussi, se nomme également Zakhirè زخيره ; il y existe un fort et un réservoir bâtis par Seuleïman pacha. Ici le chemin est difficile et plein de sinuosités. La rareté de l'eau, dans ces lieux, oblige quelquefois l'escorte de quitter la caravane. On sort de la vallée par un passage rempli de pierres. De ce point, on apperçoit le château de Chubek شوبك et les jardins qui l'environnent. On trouve, sur cette route jusqu'à Mâan معان, de grosses pierres rondes qui ressemblent à des têtes d'hommes, et que l'on appelle Wendii-memsoukh وادي ممسوخ (foulées ou défigurées par le torrent). Ce trajet est aussi infesté de voleurs.

rendel, l'ancienne *Arindela*, Dhana, l'ancienne *Thoana*, et *Psora*, aujourd'hui Bezeyra. J.

(1) Ceci n'est pas exact : Jérusalem est à plus de quarante lieues de ce point. J.

(2) Aeneyze, carte de Burckhardt. J.

Maan, appelé anciennement Maal معال, à douze heures de marche d'Enizè, se compose de deux forteresses situées l'une en face de l'autre, et qui renferment quelques maisons. Ce lieu florissant servait autrefois de demeure aux Ommiades, بنی امیه طایفه‌سی Beni-Oummïè-Taïfessi. On y trouve d'excellentes grenades, des coings, des figues, et l'on y cuit du pain léger que l'on vend aux pélerins. Maan dépend du district de Charah شراه (2); lequel district est situé dans la province d'Arden, اردن مملکتی Arden-Memleketi (3). On vend ici des citrons, des oranges et des keufter-soudjouks qu'on apporte de Khalil-Urrahman خلیل الرّحمان (l'ami de Dieu) (4). L'eau abonde à Maan, mais elle est de mauvaise qualité. L'un des deux forts fut bâti sous le règne du sultan Soliman. A force de travail, on est parvenu à conduire l'eau dans des fontaines qui sont aux environs. Les chemins qui se trouvent à l'entrée et à la sortie de Maan, étant très-mauvais, on éprouve, surtout dans les temps de pluie, beaucoup de peine à les parcourir. Une fois qu'on a franchi ces passages difficiles, on apperçoit, à la droite du chemin, sur un terrein uni, des acacias, arbres que les Arabes appellent muguilan مغیلان et umm-aïache امّ عیاش. Ce n'est qu'à partir de ce point que l'acacia se trouve sur cette route : au-delà, on le rencontre fréquemment. Peut-être est-ce d'après l'idée qu'ont les Arabes et les Ykkîams, que Dieu n'avait d'abord créé que cette espèce d'arbres, qu'ils ont, pour les premiers qu'ils rencontrent, une grande vénération ; ils y attachent des morceaux de toile qui leur servent de buts, contre lesquels ils lancent des pierres, et accompagnent cet exercice de grandes démonstrations de

Maan (1).
معان
à 12 h. d'Enizè.

(1) Maan, carte de Burckhardt; l'ancienne *Theman*. A deux heures et demie à l'O., sont les grandes ruines de *Petra*, la capitale de l'Arabie Pétrée; ce lieu porte aujourd'hui le nom de Ouâdy-Moussa. J.

(2) Karak, l'ancienne Petra.

(3) La contrée arrosée par le Jourdain.

(4) Ce nom a été donné à la ville d'Hebron que les Arabes appellent également Kabre-Ibrahim قبر ابراهیم (le tombeau d'Abraham)

joie (1). L'acacia, qui est un arbre épineux et touffu, croît abondamment dans le Hedjaz ; il produit un fruit rouge semblable à celui de la rose, qui ne se mange pas ; on en vend dans les deux villes saintes (2), comme combustible pour préparer les alimens. Tous les ouvrages (de menuiserie) s'y font également en bois d'acacia. On rapporte que du temps d'Adam (sur lequel soit le salut), cet arbre produisait des grenades; mais que depuis, par une sorte de dégénération, il a cessé de porter ces fruits. Les pélerins s'arrêtent un jour à Maan, y paient les journées des Ykkiams et distribuent des bakhchiches.

Zahr-ul-Akèbè (3).
ظهر العقبة
à 13 heur. de Maan.

Zahr-ul-Akèbè (le dos de la colline), nommé autrement Akèbè-Bachi عقبه باشى, Abadan عبادان, et, par les pélerins, Cham Akebèssi شام عقبه سى, à treize heures de marche de Maan. Ce lieu, dénué d'eau est situé dans une vallée où l'on quitte l'escorte de Maan. Une partie du chemin n'est formé que de silex ou pierres à briquets. On y rencontre un grand akèbè ou passage difficile; c'est ce dernier qu'on nomme Cham-Akèbè (ou akèbè de Syrie). Les pélerins descendent ici de leurs montures et continuent une partie de la route à pied. Pendant tout le temps qu'ils défilent, le pacha conducteur de la caravane, reste assis, couvert d'un parasol, sur la sommité de la colline, et les saccas-bachis distribuent du sorbet aux pélerins. Il y a, dans ces lieux pierreux et sabloneux, plusieurs réservoirs construits par Osman pacha. C'est à Zahr-ul-Akèbè qu'au retour du pacha, les tchavouches (officiers de la Porte) commencent à prendre, des pélerins, les lettres que ceux-ci veulent envoyer à Constantinople. La plupart de ces derniers se séparent à Tabout-Karoussi.

(1) Cet usage, s'il existe réellement, pourrait bien être un reste du culte ou plutôt de l'idolâtrie que quelques tribus Arabes, telles que celles des Koreïchs, de Kenanès et de Salim, portaient à l'idole *Aluzza*, avant l'établissement du mahométisme. Cette idole était un arbre appelé *épine d'Égypte* ou acacia ; arbre qui était aussi adoré par la tribu de Gatfan.

(2) La Mecque et Médine.

(3) Akaba - Esshamie, carte de Burckhardt. J.

Tchagmian, appelé également Tabiliât طبليات, à quinze heures de marche de Zahr-ul-Akèbè, lieu privé d'eau, renfermant un fort et un réservoir bâtis par Abdoullah pacha. Le peu d'eau qui s'y trouve jaillit du pied de la forteresse ; dans le cas où cette eau vient à manquer, on congédie l'escorte. Les deux côtés de cette route sont bordés par des montagnes de pierres. En face on découvre, à perte de vue, un vaste océan de sable dont la surface semble agitée par des flots. Telle est la force de l'illusion, que ceux qui n'ont pas encore traversé ce désert, croient, à sa vue, reconnaître la mer. A partir de cette station jusqu'à Zat-el-Hadj, excepté trois heures d'un chemin uni, le reste de la route est partout rocailleux.

Tchagmïan (1) جغميان à 15 h. de Zahr-ul-Akebè.

Zat-el-Hadj, nommé également Dar-el-Hadj دارالحج (la maison du pélerinage), Hadjer حجر (la pierre), et Echmèler اشملر (les sources) ; à quatorze heures de Tchagmian. On trouve dans ce lieu un fort et un réservoir construits du temps du sultan Soliman ; le bassin se remplit par le moyen d'un puits qui est dans le fort. Ce lieu produit des dattes sauvages en abondance. La plus grande partie des eaux proviennent des sources qu'on voit jaillir du sol ; quant aux puits, ils sont la propriété des Arabes de la tribu des Beni-Selim بنى سليم. La montagne qui est en face de Zat-el-Hadj est appelée Coubbet-el-Hadjer قبة الحجر (la voûte de pierre). Le sol de cette dernière est en partie de pierres siliceuses.

Zat-el-Hadj (2). ذات الحج à 14 h. de Tchagmian.

Kaa-el-Bessit (le champ étendu), connu aussi sous les noms de Araïd عرايد, de Mekhar مخار, de Rehibé رهيبه, de Kazik-Toutmar قازق طوتمار, et de Kaa-el-Saguir قاع الصغير, c'est-à-dire la vallée du petit singe (3). Ce lieu, qui est sur un terrain sablonneux, est à treize heures de Zat-el-Hadj. Il est traversé par une élévation que les Arabes appellent Cherour شرور. C'est ici que la caravane

Kaa-el-Bessit. قاع البسيط à 13 heur. de Zat-Had

(1) El-Medawara المدوارة, carte de Burckhardt. J.

(2) Dzat-el-Hadj, carte de Burck.

(3) Notre auteur paraît ici s'être mépris sur le sens de ce dernier mot, qui signifie le *petit champ*.

fut pillée en 1170 (1757). A droite de cette station et dans l'intérieur de la montagne, il existe une mosquée et un member (chaire de prédicateur). Kaa-el-Bessit ne renferme ni fort, ni réservoir; l'eau y est apportée de Zat-el-Haldj, par les gens de l'escorte. Le chemin est généralement pierreux.

Assi-Khorma (1). عاصي خرما à 12 heur. de Kaa-el-Bessit.

Assi-Khorma (le palmier rebelle ou sauvage), autrement appelé Tebouk تبوك. Ce lieu, qui abonde en dattes sauvages, est à douze heures de Kaa-el-Bessit. C'est jusqu'à cet endroit, que notre prophète a daigné étendre, en personne, le cours de ses expéditions militaires. Un château et un réservoir y ont été construits sous le règne du sultan Soliman; une source d'eau abondante se trouve dans l'intérieur du réservoir. Le château renferme un grand figuier, au pied duquel on a creusé un puits. En dehors, on trouve d'autres figuiers, des grenadiers et des cognassiers, ainsi que du raisin, des mélongènes (2) et des courges. Ce lieu était autre-fois la résidence des Ashabi-Ikeh. Du temps fortuné de notre seigneur le khalife Omar, l'espace compris entre Tebouk et Médine était cultivé. On dit que cet endroit renferme une mosquée où notre prophète fit sa prière, et que le temple a été reconstruit à neuf, plus tard, par Omar-Ibn-Abdoul-Aziz. En face de ce dernier, se trouve l'oratoire appelé Tènieï-Midrari ثنية مدراري, où l'on prétend aussi que le prophète a fait sa prière. Il y a dans ces lieux beaucoup de bitrân (3), de parties boisées et d'eaux courantes. Aux environs, se trouvent les campemens des arabes. Les lieux occupés par ces derniers sont bien cultivés et garnis d'arbres fruitiers : il y a même maintenant quelques maisons appartenant à des Arabes. Cet endroit était autrefois un bourg. On trouve, non loin de celui-ci, un village nommé Serg سرغ. Ces lieux dépendent de la province de Hedjaz, مملكت حجاز Memleketi-He-

(1) Tebouk selon Burckhardt et les anciennes cartes. J.

(2) Aubergine ou mayenne; fruit d'une plante infundibulée, légume dont on use beaucoup en Orient et même dans le midi de la France.

(3) J'ignore la signification de ce mot.

djaz ; et le Hedjaz comprend la sainte ville de la Mecque, Médine (la resplendissante), et l'Ymamè يمامه (1) ; on entend aussi, dit Asmaaï (2), par le mot de Hedjaz, un endroit entouré de terreins pierreux ; mais le Hedjaz, proprement dit, est la partie qui est occupée, jusqu'à Médine, par les habitations des Beni-Selîm. Cette province est entourée de montagnes. « Ceci, dit un jour le prophète, se trouvant sur les hauteurs de la colline de Tebouk, et après avoir fait un signe de main vers la Syrie, est le pays de Cham (la gauche) ; et cette partie, ajouta-t-il en montrant le côté où est située Médine, est l'Yemen. » d'après cette indication, le Hedjaz ferait partie de l'Yemen ; Nawawi (3) prétend que Médine ne dépend ni du pays de Cham, ni de l'Yemen, mais qu'elle est un lieu indépendant situé entre les deux : d'autres pensent qu'une moitié de cette ville appartient au Hedjaz, et l'autre au pays de Tihamè تهامه. Enfin, une dernière version ajoute qu'elle fait partie de la province de Nedjid نجد.

Megaïr-el-Kalenderiè (4). مغاير القلندريه à 13 heur. de Assi-Khorma.

Megaïr-el-Kalenderiè (les cavernes des Kalenders), nommés également Akebeï-Haïder عقبهٔ حيدر, Mekabirler مقابرلر (les tombes), Dar-ul-Meguir دار المغير (le dépôt d'eau de pluie), et Burkè بركه (le réservoir). Ce lieu est à treize heures de marche de Assi-Khorma. En dépit des noms qu'il porte, il est privé d'eau ; il possède cependant un fort et un réservoir construits par Osman pacha. On voit

(1) La province de Yemamé ou Yamama est aussi appelée Ayud, à cause de sa situation oblique relativement à l'Yémen. C'est l'Yemamè de l'Ouest que Niebuhr a eu en vue.

(2) Cet auteur se nommait aussi Abou-Saïd-Abdul-Melik ben Coraïb. On place sa mort dans l'une des années 215, 216 ou 217 de l'hégire (832). *Voy.* la Chrestomathie Arabe de M. de Sacy, deux. édit., tom. 1, pag. 34.

(3) D'Herbelot, qui écrit le nom de cet auteur Naouai, dit qu'il était natif de Naoua, bourgade du territoire de Damas, et qu'il mourut l'an 676 de l'hég. (1277). Nawawi a beaucoup écrit. *Voy.* ce qu'en dit M. de Sacy dans sa Chrestomathie Arabe, deux. édit., tom. 1, pag. 164 et 165.

(4) El-Akhdhar الاخضر, carte de Burckhardt. J.

des cavernes dans les environs de cette station. Ce sont quelquefois les gens de l'escorte qui apportent le peu d'eau qu'on y trouve. Les montagnes environnantes sont d'une couleur aussi noire que le charbon. Trois heures avant d'arriver à Akhizer اخيضر, on rencontre un défilé où deux attelages peuvent à peine passer. Les environs sont confiés à la garde de quelques troupes. Pendant tout le temps que les pélerins défilent dans ces lieux, le pacha conducteur de la caravane s'arrête sous un tendelet. Plus loin, entre Magaïr مغاير et Haïder حيدر, deux autres gorges de montagne s'offrent aux voyageurs. Sur ce chemin, qui est très-étroit, on trouve de petites pierres noires et blanches qui ressemblent à des nids d'oiseaux; le peuple croit généralement que ce sont des pétrifications des vers qui se détachèrent du corps du bien-heureux Job.

Akhizer. اخضر à 12 h. de Magaïr.

Akhizer ou Akhider, nommé également Haïder حيدر, à douze heures de Magaïr. C'est une des stations du prophète, dans laquelle on trouve une sainte mosquée. On y voit aussi un château et cinq réservoirs construits sous le règne du sultan Soliman. Il y a dans le château un grand puits, d'où l'eau, en s'écoulant, va remplir les bassins qui sont à l'extérieur. L'eau du puits est très-douce; quelquefois on en transporte à plusieurs stations plus loin. C'est avec cette même eau, dit-on, que le vénérable Job s'est lavé pour se débarrasser des vers qui couvraient son corps. Ces insectes furent ensuite, selon ce qu'on rapporte, réduits en pierres; on les ramasse encore aujourd'hui précieusement. Ce lieu est aussi renommé comme la station du prophète Elie. La tombe de Haïder-Baba qui est dans le château, y est l'objet de pélerinages religieux. Le fort est gardé par vingt soldats de la Syrie; ce sont ces derniers qui remplissent le réservoir. Le château a été construit en l'année 938 (1531), par ordre du sultan susdit, et sous la direction de Terban-Ibn-Ferdja, beg des Arabes cultivateurs, et gouverneur de la Syrie, afin de l'opposer aux Arabes de la tribu des Beni-Lam, qui, s'étant mis en révolte, comblaient les puits. On a élevé une tour en face du château. Les chemins qui sont, dans cet endroit, en partie pierreux, unis et sablonneux; forment un défilé étroit. Ici les saccas-bachis distribuent du cherbet aux pélerins. L'horizon de cette station est borné, aux quatre points cardinaux, par des chaînes de montagnes. Les Beni-Lam, qui habitent ces cantons, ferment quelquefois les issues de ces défilés. Près d'Akhizer, il existe un endroit nommé Sekb-Akhizer نقب اخيضر (le trou d'Akhizer); Akhizer lui-même est à mi-chemin de Damas à la Mecque (1). Trois heures avant d'arriver à Burkeï-Muazzèmè بركهٔ معظمه, on trouve un endroit connu sous le nom de Kazi-Bagtcheleri قاضى باغچهلري (les jardins du juge); et après avoir entièrement franchi le défilé de Haïder, on arrive dans un vaste désert où l'on aperçoit des montagnes de sable blanches comme la neige.

Burkeï-Muazzemè (le grand réservoir), nommé également Vadii-Essed وادى اسد (la vallée du Lion), à dix-sept heures de marche d'Akhizer. C'est un immense réservoir dans lequel on trouve de l'eau, lorsque la pluie tombe de manière à grossir le torrent; ce réservoir, qui a trois mille coudées carrées, est maintenant en ruine et aurait besoin de réparation. On l'appelait autrefois le réservoir de Belkis بركهٔ بلقيس; il a été construit en l'année 600 (1204), par Melik-Muazzem-Issa, l'un des rois de Beni-Eïoub, et a été connu depuis sous le nom qu'il porte aujourd'hui. Lorsqu'il ne se trouve point d'eau dans ce réservoir, l'escorte en apporte d'Akhizer. Ce lieu possède un château. En partant de ce dernier, on rencontre une station appelée Abou-Djenid ابو جنيد. Les acacias se trouvent abondamment sur cette route.

Burkeï-Muazzemè. بركهٔ معظمه à 17 h. d'Akhizer.

Dar-el-Haemra, nommé également Magarech-Elzir مغارش الزير,

Dar-el-Haemra (2). دار الحمراء à 18 h. de Burkeï-Muazzemè.

(1) Cette indication n'est point exacte : il y a près de cinquante lieues de plus d'Akhizer à la Mecque que de ce même lieu à Damas, à cause du détour que font les pélerins en passant par Médine : mais le parallèle d'Akhizer est à-peu-près moyen entre ceux des deux villes. J.

(2) Dar-el-Hamra, itinéraire de Damas à la Mecque, rapporté par Burckhardt. J.

Akhrèh افرج , Chek-el-Adjouz شق العجوز , Makpérè مقبرة (le cimetière), Pirindj-Avassi پرنج اوسی (la vallée du bronze), Dar-ul-Hadjer دار الحجر , et Djeltek-Salih جلتك صالح. Ce lieu est à dix-huit heures de Burkeï-Muazzemè ; Osman pacha y a fait construire un fort, en 1167 (1754), et l'année suivante, un réservoir. Ici les pélerins ramassent des pierres propres à faire des cachets ; le sol de cette station n'est formé que de ces pierres. On trouve dans ce lieu, l'endroit qui porte les noms de Djebel-el-Taf جبل الطاف, de Djebel-el-Nitak جبل النطاق (la montagne de la zône ou de la ceinture), de Mezhem مزحم, de Senoua صنوا ; mais qui est connu plus généralement, parmi les Arabes, sous le nom de Kutchiuk-Kaïa كوچك قياى (le petit rocher). A partir d'ici, la caravane des pélerins tourne à l'orient et, descendant ensuite par un endroit sablonneux, elle arrive à la sortie du défilé, dans le lieu célèbre par l'apparition miraculeuse du chameau du vénérable Salih (1). Ce lieu est à gauche du chemin. Au retour, elle se trouve l'avoir à sa droite. On franchit ce passage promptement, en faisant le plus de bruit possible, et en tirant des coups de pistolets et de fusils. On agit ainsi pour empêcher que les chameaux de la caravane ne soient effrayés ou ne s'abattent en entendant le bruit que fait encore, dans ce désert, le chameau du prophète Salih. Telle est, au moins, l'idée généralement répandue parmi le peuple, à ce sujet.

Medaïn-Salih (2). مداين صالح à 19 h. de Dar-el-Haemra.

Medaïn-Salih, nommé également Koraï-Salih قراء صالح, Hadjer

(1) La tribu de Thamud étant tombée dans l'idolâtrie, le prophète Salih, dont il est ici question, fut envoyé pour la ramener au culte du vrai dieu. Ce prophète vivait entre le temps de Hud et celui d'Abraham. Une partie des Themoudites écoutèrent ses remontrances ; mais les autres demandèrent, pour preuve de sa mission, qu'il fît sortir, en leur présence, d'un rocher, une chamelle pleine. Salih obtint ce miracle de Dieu ; la chamelle parut et mit bas un jeune chameau prêt à être sevré. Loin que ce prodige les persuadât, ils coupèrent les jarrets de la chamelle et la tuèrent. Dieu, pour les punir de cette impiété, occasionna un tremblement de terre à la suite duquel ils périrent tous, sous les décombres de leurs maisons.

Pocock, Zamaskhari, d'Herbelot.

(2) Medayn-Szaleh (Burckh.). J.

حجر et Aadal عدال, à dix-neuf heures de Dar-el-Haemra, fait partie du pays de Themoud ثمود. L'histoire rapporte que le peuple de Themoud fut détruit dans la 879ᵉ année qui suivit le déluge de Noé (que le salut soit sur lui). Les constructions des Themoudites, formées en partie de pierres sculptées, sont maintenant inhabitées (1). Ce lieu possède néanmoins un château et un réservoir ; ce dernier se remplit de l'eau d'un grand puits qui est dans le château. Comme cet endroit est près de Khalil-el-Rahman خليل الرحمن et de Aala, on en apporte des limons doux, des oranges et des dattes de l'espèce appelée baltchiq-khorma, que l'on vend aux pélerins. En quittant les Akebès, on aperçoit les demeures où séjournaient ceux de Salih. Il y a dans ces lieux, un grand nombre de puits, mais le prophète a défendu d'en boire l'eau; on voit également ici une petite montagne appelée Coubbet-el-Hadjer قبة الحجر (la voûte de pierres), et un autre monticule qu'on nomme Enan انان (le gémissement). On retrouve encore ici, sur une élévation, la mosquée qui a été creusée dans la pierre par le vénérable Salih. Ces lieux, en un mot, renferment une grande quantité de ruines d'édifices remarquables, restes du peuple de Themoud (2). Les pélerins s'arrêtent un jour dans cette station, y paient les journées des ykkames et distribuent des bakhchiches. Quelquefois les pélerins, en partant de Medaïn-Salih, ne passent pas par Aala; mais suivent la route de Sehel-el-Matrân سهل المطران, d'où ils arrivent ensuite à Zumrud-Kalac زمرد قلعسى (le château d'émeraude).

(1) Ces maisons des Themoudites étant d'une grandeur ordinaire, on s'en sert de preuve pour convaincre d'erreur ceux qui attribuent à ce peuple une taille gigantesque. POCOCK.

(2) Cette tribu s'était d'abord établie dans l'Yemen ; mais en ayant été chassée par Hamyar, fils de Saba, elle se retira sur le territoire de Hedjr, dans le province de Hedjaz. On y voit encore, dans les rochers, les habitations qu'elle s'était creusées et dont parle le coran. On y remarque aussi la fente du roc par laquelle sortit la chamelle; cette fente, assure-t-on, a soixante coudées d'ouverture. POCOCK.

Aala (1)
علا
à 9 h. de Medaïn-Salih.

Aala (l'élévation), à neuf heures de Medaïn-Salih, dépend aussi du pays de Themoud. C'est un village situé entre deux montagnes ; il y a des eaux courantes, des vignes, des vergers, des dattiers, des citronniers, des oranges, des citrons doux, des cédrats, une grande quantité de pastèques, de concombres et autres productions. Sur le chemin, on voit, jusqu'à Bïarganem, beaucoup d'acacias. Un château a été construit dans ce lieu, sous le règne du sultan Soliman. Non loin de là se trouve une vallée qui porte le nom de Muchfek مشفق. Il y avait anciennement un autre chemin qui conduisait de Damas à Aala, et qui se trouve à l'ouest de la route actuelle. Cette route, en partant de Damas, passait par Bosra بصره, Arzak ارزق, Kar-Akar قراقار, Kalta قلته, Sebiha صبيحه, Timaïè تيمايه, et Vâdii-Savana وادئ صوانه (2). Elle est la plus directe, mais l'eau y est rare; elle se compose de six conaks, et chaque conak est de vingt-sept milles.

Beïar-Ganem (3).
بيارغنم
à 10 heur. de Aala.

Beïar-Ganem, nommé autrement Tavamir طوامير, Matrân مطران et Khifa-el-Zir خفأ الزير, à dix heures d'Aala, possède un fort et un réservoir. Cet endroit est situé sur un terrain couvert de pierres noires et dures, dans le voisinage d'une vaste plaine et de redoutables défilés. Une partie du chemin passe au milieu de forêts, de bois de tamariniers, et l'autre à travers d'âpres montagnes. Si l'eau manque, les gens de l'escorte en apportent. Ce lieu est une des stations les plus pénibles de cette route.

Zumrud-Kalae (4).
زمرد قلعه
à 10 heur. de Beïar-Ganem.

Zumrud-Kalaè, nommé autrement Chihab-Ahmer شهاب احمر, est à dix heures de Beïar-Ganem; il y a un château et un réservoir, qui ont été réparés entièrement par feu Azem-Zadè-Mehemmed pacha. On trouve dans le voisinage, des deux côtés de

(1) El-Olla العُلّا, suivant Burckhardt. J.

(2) Les distances de cette partie d'itinéraire sont indiquées d'une manière si obscure dans l'original, que je n'aurais pu en donner qu'une traduction trop hasardée.

(3) Biar-el-Ghanam (Burckh.) J.

(4) Byr-Zemerrod بيرزمرد (Burckhardt). J.

la route, de l'eau qu'on distribue aux pélerins. Il y a ici un fruit appelé beter-baram بتر بارام, de la couleur du chou, à petites feuilles, et dont le goût ressemble à celui de l'amande ; on y trouve aussi des coloquintes de l'espèce appelée aboudjehel-carpousi, ainsi que de l'oseille. La forteresse de Zumrud a été bâtie anciennement par une princesse, mère d'un des rois Ismaéliens de Perse ; c'est elle qui a fait creuser le puits qui est à Zumrud. Entre Zumrud et Chaab-ul-Neamè شعب النعامه, on trouve une station appelée Chab-ul-Hemr شاب الاحمر (la vallée rouge), et qui est entourée de montagnes d'une terre rougeâtre et pierreuse.

Validè-Capoussi, nommé également Chaab-ul-Neamè شعب النعامه, à huit heures de Zumrud, possède un château et un réservoir construits par Osman pacha ; l'un des puits qui est ici, a été creusé par la mère du sultan Ahmed Ier. Indépendamment de celui-ci, il y en a plusieurs autres. Les eaux sont de mauvaise qualité. Ces mots *Chaab-ul-Neamè*, signifient *la vallée de l'autruche*.

Validè-Capoussi.
والده قپوسی
à 8 h. de Zumrud.

Hedïè-Achmassi (la source du don ou du présent), à douze heures de Validè-Capoussi, possède un château bâti par Seuleïman pacha. Ses eaux proviennent de sources, et ont une vertu laxative qu'elles doivent à la présence du séné qui croît dans cette terre ; car les eaux de toute terre qui produit cette plante sont toujours purgatives. La plupart des gens que les pélerins rencontrent dans ces lieux, sont mal vêtus ou presque nuds. Il y a ici un château appelé Antar عنتر, bâti par Osman pacha. Le nom de *hedïè* (le don, le présent), que porte cette station, lui vient de ce que le prophète, en allant au combat de Khibrè, reçut, en passant dans ce lieu, des présens de ses compagnons d'armes. Une heure après avoir quitté Hedïè, on arrive à un endroit nommé Cheker-Akebessi شكرعقبه سی, où se trouve une descente formant un défilé. Des deux côtés de ce chemin, s'élèvent à pic, des montagnes

Hedïè-Achmassi (1)
هديه اشمه سی
à 12 heu. de Validè-Capoussi.

(1) Hedye (Burckhardt). J.

qui ressemblent à de hautes murailles. On y voit le *rocher du salut*, nom qui rappelle la manière miraculeuse dont ces roches saluèrent le prophète à son passage dans ces lieux. Ce dernier endroit sert de station.

Nakhleteïn (1). نخلتين à 16 h. de Hedïè-Achmassi.

Nakhleteïn (les deux palmiers), nommé également Fahleteïn فحلتين, Sedjouï سجوي et Istabil اصطبل (l'étable), à seize heures de Hedïè, sur deux petits monticules. Ce lieu possède un château et un réservoir construits par Osman pacha; il est borné, aux quatre points cardinaux, par des montagnes. Il y a également ici un rocher appelé le *rocher du salut*. Nakhleteïn, qui est aussi nommé Istabil-Euchr اصطبل عشر, était jadis un désert. Ce lieu servait de demeure à un ancien roi qui passait pour un héros célèbre, et qui s'appelait Chahtadè شاهتاده. Le village qu'il habitait, et qu'on nommait Vakf-Hassa وقف حصا, était situé sur le sommet d'une haute montagne; selon la tradition, il y avait autrefois, dans cet endroit, un grand château célèbre par la pureté de l'air qu'on y respirait. On voit encore l'emplacement où étaient construits ses bains. Les environs sont boisés. Ces lieux sont généralement connus sous le nom de Ilm-Elsaadi علم السعدي. Cet endroit renferme en outre un puits qui a été creusé par ordre de Nusouh fils d'Osman. Les environs offrent des montagnes dont la vue étonne et dont les chemins sont dangereux à parcourir. Il y a, à Nakhleteïn, sept puits dont les eaux sont très-douces; mais à partir d'Aala, jusqu'ici, on en éprouve une grande disette: il faut avoir soin de s'en pourvoir. On trouve, sur cette route, un endroit qui porte les noms de Sitan-Muamer ستان معمر et de Hadjeristan حجرستان (lieu pierreux). C'est dans ces environs que demeurent les Arabes rebelles. Ces derniers apportent des citrons acides et doux, qu'ils vendent aux pèlerins. Cinq heures après avoir quitté Nakhleteïn, on trouve une gorge formée par

(1) El-Fahleteïn الفحلتين (Burckhardt). J.

deux montagnes. Cet endroit, qui sert d'étape, possède un puits recouvert où l'on se pourvoit d'eau.

Vâdi-el-Koura (la vallée des villages), nommé également Vâdi-el-Karch وادي القرح et Dar-el-Koura دار القرا, à quinze heures de Nakhleteïn. Cet endroit, jadis florissant, et qui renfermait un château fort, des bains, une mosquée et des jardins, est maintenant en ruine. On rapporte que sur l'autel (محراب) de cette mosquée, où le prophète a fait sa prière, il y avait un os suspendu qui lui fit entendre ces mots en arabe : *Ne me mange pas, car je suis mort empoisonné.* Ce lieu est une vallée située entre deux lignes de montagnes, et qui est privée d'eau et de toute autre chose. La plaine ou le désert que l'on voit ensuite se nomme Atik عتيق ; c'était autrefois la demeure des Arabes de la tribu des Benou-Kelb بنوكلب (les fils du chien) (1). Les excès et la mauvaises conduite de ces hordes ayant été cause de leur dispersion, sous le règne du khalife Omar, leur pays fut ruiné. Des restes de leurs édifices subsistent cependant encore. On voit en outre, ici, un endroit garni de jardins et de fontaines, et qui porte le nom de Sakaïëi-Osman سقاية عثمان (la roue hydraulique ou le puits d'Osman) et de Hurrëi-Leïli حرة ليلي (la nuit de l'épouse) Vâdi-el-Koura sert de limite au territoire de Médine. Au-delà on ne connaît point la peste.

Vâdi-el-Koura. وادي القرا à 15 h. de Nakhleteïn.

Djerf, nommé également Abïar-Hamzè أبيار حمزة (l'arrosoir de Hamzè), à onze heures de Vâdi el-Koura. Ce lieu possède un château et un puits, monumens de la munificence de Hamzè (duquel Dieu a été satisfait); on y trouve en outre des eaux

Djerf. جرف à 11 h. de Vâdi-el-Khoura.

(1) En général, les différentes tribus Arabes doivent leurs noms: 1° aux individus, de l'un comme de l'autre sexe, de qui elles descendent; 2° aux lieux qu'elles ont primitivement habités; 3° à quelques circonstances mémorables qui les concernent spécialement; 4° à certains animaux auxquels elles attachent des idées de force et de supériorité; 5° enfin à divers objets ridicules ou méprisables que la superstition ou le besoin leur ont rendus nécessaires.

ROUSSEAU, *Tableau des trib. arab.*

abondantes. Il existe, dans le voisinage de Djerf, un village appelé Burkè بركه (le réservoir), ainsi qu'un autre endroit nommé Sakaeï-Seuleïman-Ben-Abd-u. Melik سقاية سليمان بن عبد الملك (la roue hydraulique de Soliman, fils d'Abd-ul-Mélik). Comme le ruisseau provenant de la source appelée Aïn-Zarka عين زرقا qui est à Médine passe dans ce village, les habitans le font à tour de rôle servir a l'irrigation de leurs jardins. Il y a ici un champ appelé Zin زين, dont on rapporte que le prophète a particulièrement recommandé la culture. Djerf étant la limite de Médine, les pélerins doivent, dans ce lieu, se purifier le corps par des ablutions, revêtir des habits exempts de toute souillure, demander pardon à Dieu de leurs péchés, faire de nombreuses prières, et s'acheminer en suite vers l'endroit où reposent les cendres du prophète de Dieu. Ici des habitans et des enfans de Médine viennent à la rencontre des pélerins, et les accueillent par des acclamations et des démonstrations de joie. On trouve, sur la gauche du chemin, une montagne appelée Djebel-Uhud جبل احد (1). Cette dernière est à une parasange de la ville. Le nom de *Uhud*, donné à cette montagne, lui vient, ou de son isolement de toute autre élévation, ou de ce qu'elle appartient au territoire des Orthodoxes ou Unitaires (Ehl-Mewhad). C'est ici que s'est livré un combat pour l'Islamisme, et que plusieurs versets du coran sont descendus du ciel. On voit, au bas de la montagne, la tombe du vénérable Hamzè, oncle du prophète; cette dernière est entourée de maisons nombreuses et de bancs qu'on doit à des fondations pieuses, et où les visitants peuvent, nuit et jour, se reposer sans que personne s'y oppose. Cependant comme ce lieu est à une demi-heure de la grande route, le trajet en est quelque fois dangereux, surtout à l'époque du pélerinage; dans ce cas, on profite, pour s'y rendre, de la visite qu'y fait

(1) C'est cette même montagne que d'Anville indique sur sa carte sous le nom de mont Ohhud, au nord de la ville.

le pacha conducteur de la caravane. Il existe, dans le voisinage du mont Uhud احد, une autre montagne nommée Djebel-Anîn جبل عنين. Les environs recèlent les tombes de plusieurs personnages vénérés. Il y a aussi, sur le chemin du mont Uhud, un endroit qui porte les noms des Asvaf اسواف et Asadif اساديف.

Médinéï-Munèwèrè (*Medine* la resplendissante) (que Dieu très-haut la fasse, jusqu'au jour du jugement, briller de sa vive lumière). Les premiers regards de tout Musulman qui aperçoit Médine, doivent le pénétrer de vénération en lui rappelant toute la sainteté de ce lieu. Qu'il songe que c'est ici l'endroit où la meilleure des créatures s'est réfugiée lors de sa fuite; que c'est dans ce même lieu qu'est déposée la cendre du prophète et celle de ses deux successeurs, Aboubecre et Omar! (dont Dieu a été satisfait). Médine est la cité du prophète (Medinet-el-Rousoul مدينة الرسول); elle est à deux heures de marche de Djerf. Parmi les quatre-vingt-quinze noms qu'elle porte, voici ceux sous lesquels elle est plus généralement désignée, savoir : Iatreb يثرب, Taïbè طيبه (l'excellente), Tâbè طابه, Meskenè مسكنه, Habré حابره, Mahboubè محبوبه (la bien-aimée), Djinè جينه, Merhoumè مرحومه, Mahbourè محبوره (la fortunée), Arz-Oullah ارض الله (la terre de Dieu), Dar-el-Hidjrè دار الهجره (la maison de l'hégire), Dar-el-Islam دار الاسلام (la maison de l'islamisme), Dar-el-Feth دار الفتح (le palais de la victoire), Koutb-el-Iman قطب الايمان (l'axe de la foi), etc., etc. Les prérogatives de cette ville sont cent fois plus étendues que celles de Damas (1). Elle est située sur un terrein uni, dans le troisième climat, au nord du mont Uhud (2), et à l'orient de la montagne de Tebir جبل تبير. La plus grande partie de son territoire est stérile. On prétend que sa distance de Constantinople, suivant le calcul de l'astrolabe, est de mil trois-cent

Médinéï-Munèwèrè
مدينهٔ منوّره
à 2 heures de Djerf.

(1) La traduction de cette phrase est hasardée.

(2) D'après la position assignée plus haut, par l'auteur, au mont Uhud, il résulte que ceci est une erreur : Médine est au sud de cette montagne.

quatre-vingt-douze milles. Ses murailles, qui furent élevées en 368 (978), par Azad-ed-Develet, Molla-Khosrew et Dilemi, furent rebâties plus tard ; on pense que cette ville en était également entourée antérieurement à cette époque. Son château a quatre portes : la première se nomme Bab-Cham (la porte de Syrie), la seconde, Bab-Kiblè, nommée également Bab-Seguir (la petite porte), la troisième, Bab-Misri (la porte d'Égypte), et la quatrième, située du côté de Baki-Chérif, est appelée Bab-Jumaa (la porte du vendredi ou de la réunion). L'ancienne mosquée du prophète, qui est dans le château, est ornée de cinq minarets. Dans l'interieur de la mosquée, et sur l'emplacement même de la maison de la vénérable Aïchè, où mourut Mahomet, est la tombe fortunée de ce prophète. Non loin de ce foyer de lumières célestes, sont les monumens où reposent les cendres du vénérable Aboubecre dit le Juste, et d'Omar, celui qui savait par excellence distinguer le bien du mal (1). Les quatre faces de ces tombeaux sont recouvertes d'un voile magnifique et entourées d'une balustrade en bronze doré. L'espace entre ces balustrades et les monumens, est garni de lampes que des ferraches (2), préposés à cet effet, ont soin d'allumer. Le monument de la fille du prophète, la belle Fatima, est contigu à celui de son père. Ce dernier a quatre portes : la première dite de la pénitence, la se-

(1) Une tradition commune prétend qu'Aïchè vit en songe trois étendards plantés dans la cour de la maison, et qu'en ayant demandé l'explication à Mahomet, il lui dit que ces trois enseignes indiquaient trois tombeaux : le sien, celui d'Ebu-Bekir et celui d'Omar. L'événement, dit ici l'historien Ahmed-Effindi, vérifia la prédiction : puisqu'en effet, ils furent tous trois inhumés dans cette enceinte.

M. D'HOSSON.

(2) Les fonctions serviles de ces tombes sont exclusivement remplies par quarante noirs ; ils ont soin des lampes et des ornemens ; ils frottent, nettoient et balaient l'intérieur de la chapelle sépulchrale. Cet emploi leur vaut le titre de *ferraches* (balayeurs) ; titre honorable et consacré par la religion même : aussi jouissent-ils de la plus grande considération.

conde appelée Voukoud, la troisième dite de Fatima, et la quatrième nommée Bab-Tchjid. La mosquée du prophète avait d'abord été ornée de quatre minarets, par Omar, fils d'Abdul-Aziz; mais dans la suite, ces parties du temple éprouvèrent des changemens. L'un de ces minarets, le plus élevé, a été construit par sultan Kaïtebaï قيتباي.

Il existe, entre le tombeau et le member (la chaire), plusieurs colonnes dont les noms rappellent les faits, gestes, situations et paroles du prophète, de ses compagnons et de Fatima. La longueur de l'espace compris entre le tombeau du prophète et la chaire, est de cinquante coudées. En l'année 908 (1502), le sultan Murad ayant fait construire une belle chaire en marbre, l'ancienne fut déposée sur le sol. Il y a plusieurs portes pour entrer dans le sanctuaire (harem حرم) du temple : la première est appelée Bab-Esselâm (la porte du salut), celle-ci est la plus grande de la mosquée; elle est située à l'ouest; on la nomme aussi Bab-el-Khouchou (la porte de l'humilité) et Bab-Mervâna pour indiquer le lieu où elle répond; la seconde est la porte de la Miséricorde, nommée également Bab-Atekè et Bab-el-Sook (la porte du marché); la troisième, Bab-el-Nissa (la porte des femmes), construite et destinée aux femmes par le khalife Osman; on la nomme aussi Bab-el-Rebt, du nom d'une fille de Safah appelée Rabita, dont la demeure était en face; cette dernière porte est à l'orient; la quatrième, située du côté du Saint-Sépulcre, est la porte de Gabriel, à l'orient. On raconte qu'au combat des Beni-Kariza, l'archange, vêtu de . . . . . se tenait à cette porte. On la nomme encore porte d'Osman ou porte du prophète.

Des gens dignes de foi prétendent que quiconque mange, le matin, à Médine, sept dattes en se tenant entre les deux collines, sera préservé, durant la journée, de tout malheur. Il existe, hors des murs de cette ville, un emplacement appelé Menakhè مناخه, en partie situé sur un vaste espace, en face de la forteresse, et entre cette dernière et le faubourg : cet emplacement renferme un certain nombre de maisons, des mosquées, un bain public, des vignes, des jardins et des plantations de palmiers. C'est dans ce lieu que logent les pélerins. La mosquée du prophète est située en face de la porte d'Égypte. On a élevé des minarets pour indiquer les endroits où se tenaient l'envoyé de Dieu et ses compagnons, pendant le combat de Khandak. Il existe maintenant une mosquée sur ce même terrein. L'intérieur de la forteresse renferme de beaux marchés et un bain construits par Emir-Tchoban. Le corps de ce dernier, qui périt en Khorassan par le glaive de la trahison, a été rapporté à Médine et est enterré dans le Saint-Sépulchre. Cet intérieur de la forteresse est un lieu sacré renfermant aussi des boutiques, des colléges, et des asiles pour les voyageurs. Quelques-unes des maisons ont des jardins; on en trouve en outre un très-beau appelé Ainiè, près de la porte d'Égypte. Sur la place qui est devant la porte de Syrie, on voit le tombeau d'un nommé Zèki-Eddin-Mehemmed, fils d'Abdoullah, fils de Hassan, fils de Hussein qui était connu sous le nom de Nefs-Zeki et qui mourut martyr sous le khalifat de Mansour l'Abasside. Les jardins de notre seigneur le khalife Omar sont derrière la mosquée du prophète, près du quartier des potiers. En face du sépulcre il y a un emplacement qui contient deux salles, des arbres, un bassin et un souterrain; cet endroit sert de lieu de repos aux agas desservans du monument. On prétend que c'est sur ce terrain qu'étaient autrefois les maisons des *Euchreý-Mubechères* (les dix évangélisés) (1). On voit, sous une voûte, dans l'intérieur de la forteresse, le noble monument de Malik-Ben-Sinan. A l'issue de la porte d'Égypte, sont les nobles mosquées des vénérables Abou-Bekir et Omar. Sui-

(1) Ce sont les dix premiers apôtres auxquels Mahomet a le plus spécialement promis le ciel, le paradis et une félicité éternelle supérieure à tout ce que l'intelligence humaine pouvait se figurer de plus ravissant; ces promesses leur valurent le titre de *Euchreý-Mubechèrès*, qui veut dire les dix évangélisés, les seuls que l'islamisme ait béatifiés, avec Fatima et les deux enfans d'Aly.

vant les écritures véridiques, la ville de Médine aurait, entre autres prérogatives, celle de n'admettre dans son sein, ni la peste, ni l'ante-christ; des anges, préposés à la garde de cette ville, en écarteraient toujours ces deux fléaux. A ces avantages, il faut encore ajouter que l'air qu'on respire à Médine est excellent, et qu'elle possède des eaux courantes, des palmiers et des champs ensemencés etc. etc. L'eau du ruisseau Aïn-Zarka عين زرقا, est surtout incomparable. Cette source étant plus basse que le sol de Médine, on est obligé de descendre vers ses bords par un escalier, pour y puiser l'eau.

C'est Mervân qui, par ordre du khalife Moaviè, a établi le cours de ce ruisseau. Comme Mervân avait les yeux bleus, on aurait dû appeler cette source la *Fontaine de l'homme aux yeux bleus*, mais néanmoins elle est connue sous le nom de la *Fontaine bleue ou azurée*. Indépendamment de cette source, Médine avait, dans ses environs, dix-neuf puits qu'elle devait à la pieuse libéralité du prophète; il en existe encore aujourd'hui sept, dont un poète a renfermé les différens noms dans un couplet arabe. Outre ces puits sacrés, Médine en possède un grand nombre d'autres.

Les fruits du palmier offrent ici une grande variété. Il est reconnu qu'il y existe quatre-vingt-douze espèces de dattes: les suivantes appartiennent uniquement au territoire de Médine, savoir: les temr-ierni تمر يرني, les temr-soultani تمر سلطاني, les temr-adjouh تمر عجوه, les temr-halou تمر حلو, et les temr-sihani تمر صيحاني. Les grenades qu'on trouve ici ne peuvent, pour leur supériorité, se comparer avec celles d'aucun autre pays. Il y a aussi une grande variété de légumes et de fruits: les melongènes, les melons, les pastèques, le raisin, les oranges, les citrons, les pêches, les figues, les nebiks (1), et les bananes, y sont en abondance. La mosquée du prophète a été reconstruite deux fois de son vivant; la première,

(1) Ce mot, qui est écrit نبك nebk, dans l'auteur que je traduis, est probablement une faute: il devrait s'écrire نبق nebek, et signifierait alors, suivant

lorsqu'il honora Médine de sa présence, et la seconde, lorsqu'il revint de Khiber خيبر. Depuis lui, ce temple a été rebâti, augmenté et embelli à différentes époques, par ses successeurs. Lorsque Velid, fils d'Abdul-Melik, était khalife en Syrie, et qu'Omar, fils d'Abdul-Aziz, se trouvait à Médine, ce dernier reçut l'ordre de donner plus d'étendue à la ville. Ce fut à cette occasion qu'il fit élever les quatre minarets dont il a été fait mention plus haut; et dont la hauteur fut, d'après ses ordres, portée à soixante archines ارشين. Plus tard Médine fut aussi augmentée sous le khalife Mehdi. Il en est de même des murs de la ville et du château, qui ont été plusieurs fois réparés ou renouvelés entièrement; particulièrement en 440 (1048), par Mehemmed-Djevad-Isfahani. Les murailles qui subsistent aujourd'hui ont été construites par Mahmoud-Zingui-Aksenkar, d'après l'ordre de Noureddin-Chehid, en 558 (1163); c'est ce que prouve l'inscription arabe suivante, gravée sur une table en bronze, et qui se trouve au-dessus d'une des portes:

هذا ما امر بعمله الفقير الى الله تعالى
محمود بن زنكى اقسنقر سنه ثمان وخمسين
وخمسمائة *

« La construction de ceci a été ordonnée par le pauvre en Dieu, très-haut » Mahmoud, fils de Zengui-Aksenkar, en l'année 558. »

En 750 (1349), Saad ben Zabit-Djemaz commença à entourer la forteresse de fossés; mais la mort l'ayant surpris au milieu de ses travaux, ils furent achevés par l'émir Fazl ben Casem. En 757 (1356), Kalaoun-Oglou reconstruisit de nouveau la forteresse. Enfin, plusieurs parties de celle-ci furent, dans la suite, renouvelées par ordre du sultan Soliman. Les habitans de Médine sont particu-

Meninski: *fructus arboris* سدر *sedr dictæ nempe loti species*. Ce mot indique également le vin que l'on fait avec la moelle du palmier.

lièrement honorés parmi les autres Musulmans. Lorsque le khalife Mehdi vint à Médine, l'iman Malek fut à sa rencontre et l'invita, à son entrée dans la ville, à saluer les habitans; « Prince des Croyans, lui dit-il, vous allez voir devant vous les descendans des compagnons et des compatriotes du prophète; il n'y a point sur la surface de la terre, de peuple plus digne, par ses qualités, d'être honoré que celui-ci. » Les prières qu'on adresse à Dieu, dans le temple de cette ville, pour l'âme des morts, sont beaucoup plus efficaces que celles qu'on fait dans les autres mosquées. En un mot, nous terminerons en convenant que la langue ne pourrait suffire si elle voulait payer convenablement le tribut de louange qui est dû à la mosquée du prophète, au saint sépulchre et à la ville de Médine elle-même. La mosquée dite Kaba-Mesdjidi قبا مسجدی, est située dans un village qui porte le même nom, à une heure de la ville; cette mosquée, dont les fondemens ont été posés par le prophète en personne, a été terminée par lui et ses compagnons. On la nomme aussi Coubbet-ul-Islam (la voûte de l'islamisme). Non loin de là est le puits de Khatem (le puits de la bague), dont les eaux se sont élevées à la voix du prophète. Ces eaux sont d'une excellente qualité. Près du puits, est l'emplacement où étaient les maisons d'Aly et d'Aboubecre, et sur lequel il y a maintenant une mosquée. Il est de tradition que le prophète se rendait régulièrement une fois par semaine dans cet endroit, tantôt à pied, tantôt à cheval. Le lieu réputé le plus saint du village de Kaba est la station Khitmè خيمه منزلی; elle est au S.-E. de la mosquée. Non loin de là est un endroit qui porte le nom de Mesdjidi-Aly مسجد علی (la mosquée d'Aly). A l'ouest de Kaba, se trouve une autre mosquée appelée Mesdjidi-Chems (la mosquée du soleil). La largeur du temple de Médine égale sa longueur; l'espace qu'il occupe est de soixante-six ziras. Ce temple a été rebâti plusieurs fois, notamment en 555 (1160), par Djemal-Eddin-Isfahani, et en 733 (1333), par Nassir-Kalaoun. Dans le jardin de Aniè, qui est dans le voisinage, se trouvent une fontaine et un bassin qui ont été construits par Chehid-Mehemmed pacha.

Suivant l'occurrence, les pélerins s'arrêtent quatre ou cinq jours à Médine, y paient les journées des ykkiams, distribuent des bakhchiches, et se rendent ensuite à Aly-Couyoussi.

Hassa (1). حسى à 2 h. de Médine.

Hassa, nommé également Ali-Couyoussi على قيوسى (le puits d'Aly), et Zu-el-Khalifè ذوالحليفه, est à deux heures de Médine. Ici ceux d'entre les pélerins qui suivent le rit de l'iman Chaafi, pour se conformer à l'usage qui fut, dit-on, pratiqué par le prophète, revêtent l'ihram (manteau pénitentiel). Il y a dans ce village, de l'eau et des jardins. On trouve, en partant de Médine, une montagne appelée Muferreh مفرح (la réjouissante). Au retour (de la Mecque), lorsqu'on a gravi cette montagne, on découvre Médine. Il y a en outre ici deux autres endroits nommés Muferridj مفريج et Bid-Énâm بيد انام, qui dependent du pays de Mezinè بلاد مزينه, dans la vallée d'Aakik وادى عقيق. Près de Mezinè, il y a une haute montagne appelée Errè ارة (la scie). Comme cette dernière renferme plusieurs fontaines, on y vient puiser de l'eau des villages environnans. Il existe, dans la vallée d'Aakik, un puits appelé Bir-Omer (puits d'Omar). Les poètes ont composé des vers nombreux à la louange d'un château qu'on trouve dans cet endroit; la mosquée dite Chedjer شجر (l'arbre), se trouve sur le chemin de ce château. Au sud de cette mosquée, on en voit une autre appelée Maares معرس, et non loin de cette dernière, une montagne qui porte le nom de Selsal صلصال (2).

Koubour-Chuhèda (3). قبور شهدا à 13 h. de Hassa.

Koubour-Chuhèda (les tombes des martyrs). Ce lieu est situé entre deux montagnes, à treize heures de Hassa. Il y a un lac qui sert de réservoir à l'eau de la pluie; mais il est quelquefois à sec. On y trouve aussi un puits appelé Rouha. La tradition veut non-

(1) Il existe deux routes de Médine à la Mecque, celle de l'Est et celle de l'Ouest; la première est la plus courte, mais la plus difficile et la moins usitée : l'auteur turc va décrire la seconde. Hassa correspond à Biar-Aly بيار على de l'itinéraire de Burckhardt J.

(2) *Selsal* lutum purum arenâ commixtum.

(3) El-Shohada, (Burckhardt). J.

seulement que celui qui est la gloire du monde (Mahomet) ait fait son ablution et sa prière dans ce lieu, mais que soixante prophètes s'y soient acquittés du même devoir. Il y a aussi deux autres endroits appelés, l'un Melal ملال (tristesse), et l'autre Mesdjid-Chérif مسجد شريف (la noble mosquée); le nom du premier vient de ce que le roi Teb, en passant par cet endroit, y éprouva de la tristesse. Entre Rouha et Melal, on trouve les endroits suivans, savoir : 1° Akhrem اخرم, nommé également Harim حريم, 2° une station appelée Berian بريان, et 3° une vallée ; il y a en outre, à Melal, une autre vallée nommée Zousurkh ذوسرخ. Koubour-Chuheda sont d'anciennes tombes qui servaient de sépultures aux habitans des bords du torrent. Le nom de martyrs donné à ces derniers, leur vient probablement de ce qu'ils auront péri par la violence de ce même torrent : au reste, Dieu sait mieux que personne ce qui en est. On trouve ensuite la mosquée dite de la Gazelle, où un animal de cette espèce parla au prophète. Non loin de là, est l'endroit qui porte les deux noms de Naziè نازيه et de Sir سير, situé dans un lieux marécageux et au fond d'une vallée. C'est là, suivant une tradition, que le butin pris sur ceux de Bedre, fut partagé. A trente heures de Koubour-Chuhèda, avant d'arriver à Bedre, on trouve une vallée et un défilé entre deux montagnes; celles qui existent dans ces lieux sont de la couleur du charbon.

Djèdidè (1). جديدة à 18 h. de Koubour-Chuhèda.

Djèdidè (la nouvelle), à dix-heures de Koubour-Chudèda est un village qui renferme des eaux courantes et des palmiers, et dans lequel on trouve des melons, des pastèques, des herbages, des melongènes excellentes, et des hannas en abondance. On apporte ici du baume que l'on vend aux pélerins (2); on leur dé-

(1) Djedeyde (Burckhardt). J.

(2) Les mots employés ici par notre auteur, dehn-belessan دهن بلسان, signifient aussi de l'onguent; c'est probablement ce que nous appelons *baume de la Mecque*. Suivant Aly-Beg, ce baume, quoique produit du territoire de cette ville, y serait fort rare, et

bite également des éventails, des paniers et des tables fabriqués sur les lieux avec les feuilles du palmier. Les deux côtés de ce village sont dans un état de prospérité, mais le défilé qui y conduit est dangereux; ce dernier est formé par une longue vallée, entre deux montagnes. On y est exposé aux attaques des Arabes. Il y a près d'ici un endroit qui porte également les noms de Al-Djaafer-ben-Abi-Taleb-Aïnleri ال جعفر بن ابي طالب عينلري (les sources d'Abi-Taleb de la famille de Djafer), et de Chuba شبا. On trouve ensuite dans ce même lieu deux villages appelés Djedideïn جديدين (les deux Djedid), entourés d'acacias; et plus loin, une station nommée Arabéïn ارابين. Les trois villages qui portent les noms suivans, savoir: Hamra حمرا, Safra صفرا et Hassiniiè حسينيه, forment la vallée appelée Hafer حفر; ces trois villages sont remplis de jardins, de plantations de palmiers, et produisent des hannas de première qualité. La vallée de Hafar, وادي حفر Vadi-Hafer, renferme les demeures des Al-Zeban. Homra حمرا est sur la gauche de la vallée d'Akik; on le nomme aussi Homra-ul-Essed حمراء الاسد (l'Homra du lion). On rapporte que c'est dans ce lieu que vint le prophète, lorsqu'après le combat d'Uhud, il poursuivait les Koreichites. On trouve, en outre, ici, les endroits appelés Zat-el-Edjdal ذات الاجدال ou Kenan كنان, Ieraïn يرعين, et près de Hamra, un village nommé Khakh خاخ; ce lieu servait de demeure à Aly, fils de Moussa-Riza, et à Mehemmed, fils de Djafer (que la bénédiction de Dieu soit sur eux tous). Obeïdè-ben-el-Hareth-ben-Abdel-Motaleb ayant été rapporté blessé du combat de Bedre, dans la mosquée qui est à Safra صفرا, y mourut et y fut enterré. Il y a près de là, deux montagnes appelées Selkh

l'on ne peut en trouver que lorsque les Bedoins des autres parties de l'Arabie en apportent par hasard. Le nom arabe que lui donne Ali-beg s'accorde à-peu-près avec celui de notre auteur; mais le premier prétend que les Mecquois ne connaissent pas l'arbre qui le produit; cet arbre porte le nom de Gilead.

سلخ et Mahri مهرى; le lieu où elles sont appelé Itel ايثل. On rapporte que c'est dans ce dernier endroit que le prophète, de retour de l'affaire de Bedre, vint faire sa prière du soir. Il existe, non loin de Bedre, un lieu appelé Debet-el-Mustaadjelè دبة المستعجلة, qui est la demeure des Arabes de la tribu de Harb. Ces lieux produisent abondamment les choses nécessaires à la vie.

Bedre-Hanîn (1). بدر حنين à 14 h. de Djedidé.

Bedre-Hanîn, à quatorze heures de Djedidè, est un village abondamment pourvu d'eaux courantes, de jardins et de palmiers; on l'appelle aussi Bedre-el-Ketal (Bedre du combat) بدر القتال, Bedre-el-Oula بدر الاولى (la première), Bedre-el-Tanie بدر الثانيه (la seconde), et Bedre-el-Tèlatè بدر الثالثه (la troisième); le nom de cet endroit lui vient d'une personne appelée Bedre, qui y creusa un puits: une fontaine existe en face de ce dernier. C'est ici que les caravanes des pélerins de Syrie et d'Egypte se rencontrent: ce lieu, par le souvenir qu'il rappelle, mérite d'être parcouru avec une attention particulière. La source qui est ici est celle dans laquelle Aly, le jour du combat, lava sa chemise ensanglantée; on rapporte que ce compagnon de Mahomet ayant présenté et versé de l'eau de cette source sur les mains du prophète, il jaillit de ses doigts sacrés autant de filets d'eau douce, dont l'armée fut abreuvée. C'est dans l'endroit appelé Galib غليب (le victorieux) qu'eut lieu le combat de l'Islamisme: cet emplacement est maintenant une plantation de palmiers dans laquelle se trouvent deux étangs et une colline de sable de la plus grande blancheur. Il y a sur cet emplacement et au milieu des palmiers, une mosquée appelée Mesdjid-el-Guemam مسجد الغمام (la mosquée des nuages): comme il y avait une chaire, on y disait autrefois la prière du vendredi. C'est dans ce même lieu que notre seigneur le prophète venait, à l'ombre des nuages, respirer le frais. Dans les livres du *Sir*, cette mosquée est désignée sous le nom de

(1) Beder dans Burckhardt. Cet endroit fameux renferme, selon lui, plus de cinq cents maisons, avec un ruisseau. J.

Mesdjidi - Aarichi مسجد عريش (la mosquée de l'arche). Il en existe encore une autre dans le voisinage de cette dernière et que l'on appelle Mesdjidi-Aksi مسجد اقصى. On trouve ici quatre tribus arabes qui portent les noms de Zebid - Taïfèssi زبيد طايفهسى , de Karabè قرابه , de Chekèrè شكره et de Aatik عتيق. On entend quelquefois le bruit du tambour vers les deux monticules qui sont dans le voisinage ; on assure que ce bruit est encore celui de la victoire du prophète qui se reproduit ; c'est en effet là, suivant la tradition, que l'apôtre de Dieu attendit les infidèles le jour du combat de Bedre. Il y a dans ce village un grand réservoir construit par le sultan Gauri, et dans lequel on descend par un escalier. On prétend qu'à la journée de Bedre, le prophète avait avec lui trois cent dix de ses honorables compagnons d'armes, et que trente-six d'entre eux tombèrent martyrs dans ces lieux. L'endroit qui peut être considéré comme le port ou l'échelle de Médine, est à six heures d'ici ; ce port s'appelle Deniz-Iambouï دكزينبوعى (ïambo de mer). On assure que Chuhéda شهدا est sur la gauche du chemin. On trouve en outre ici un endroit appelé Borak-Djènnet براق جنت (le paradis de Borak) (1).

Kaa-el-Bezua (2). قاع البزوا à 16 h. de Bedre-Honin.

Kaa-el-Bezua, nommé autrement Meïmoun-Ovassi ميمون اوهسى (la vallée du singe), et Tïarân طياران, à seize heures de Bedre, est une immense vallée sablonneuse dans laquelle il n'y a point d'eau, et dont les flots de sable s'agitent comme ceux de la mer. L'eau est apportée de Bedre par les gens de l'escorte ; on n'en trouve pas dans ces lieux. Cette vallée en renferme elle-même deux autres très-grandes : la première se nomme Aas عاص et la seconde Aavouis عويس. Il existe également ici un lieu appelé Ziili زيعلى, à la droite duquel on découvre Sues-Denisi سويس دكزى (la mer de Suez ou la Mer-Rouge).

(1) Borak, jument au corps moitié femme et moitié cheval, dont il est parlé dans le coran et sur le dos de laquelle Mahomet prétend s'être élevé de Jérusalem au ciel.

(2) El - Kaa seulement القاع dans Burckhardt. J.

Rabigue, également connu sous les noms de Raboug رابوغ, de Hedjèfè جحفه et de Rabiga-Achmassi رابغه اشمسي (les sources de Rabigue). L'ancien nom de ce lieu était Fehiaha فهيعه, mais ses premiers habitans ayant tous péri à la suite d'un débordement du torrent, il fut nommé Hedjèfè. Cet endroit, qui est à dix-sept heures de Kaa-el-Berouh قاع البروه (2), forme une vallée sablonneuse dans le voisinage de la mer de Suès; ce sable ressemble à celui qu'on emploie pour les horloges qu'on appelle sabliers. Ce lieu renferme des plantations de palmiers, de l'eau et des jardins; on y trouve aussi du fourrage, des moutons, du poisson, des pastèques et une drogue appelée Dem-ul-Akhouîn دم الاخوين (sang de dragon) : le chemin est garni de tamariniers. On trouve, à Rabigue, de l'eau, en creusant la terre à la profondeur d'une coudée : c'est dans ce joli endroit que les pélerins de la Syrie se couvrent de l'Ihram (manteau pénitenciel). On dit qu'Éminée, la mère de celui qui est l'ami de Dieu, est enterrée dans un lieu nommé Abua ابوا, situé à sept parasanges, au nord de Hedjèfè. Il y a ici deux peuplades, dont l'une porte le nom de Mevalï-Roui et l'autre celui de Mevalï-Roumïè ; on y voit aussi un village appelé Mestourè مستوره, dans lequel on trouve des pastèques à petits pépins, et, à raison de sa proximité de la mer de Suès, du poisson frais : ces lieux sont très-sablonneux. Non loin de là, à gauche du chemin, se trouve un autre village bien entretenu, appelé Târef طارف, qui produit des amandiers et où l'on apporte du beurre, du ïougourt (3) et des légumes que l'on vend aux pélerins. On trouve sur cette route un passage difficile qui porte les noms de Cheker-Akebessi شكرعقبهسي, de Souïk سويق, de Kadid قديد et

Rabigue (1). رابغ à 17 h. de Kaa-el-Berva.

(1) Rabagh (Burckhardt). J.

(2) Ce mot, qui est le nom de la précédente station, est écrit ici d'une manière qui diffère de la première : il faut qu'il y ait erreur dans l'un ou dans l'autre ; mais je n'ai pu déterminer celui des deux qui est inexact ; ils ne se trouvent point sur les cartes.

(3) Excellente préparation de lait caillé dont on fait une grande consommation dans le Levant.

de Kharim خريم. Vu la difficulté du chemin, les saccas-bachis font rafraichir ici les pélerins en leur distribuant du cherbet. Non loin de l'Akebè et à droite du chemin se trouve une mosquée remarquable, où les pélerins, lorsqu'ils se couvrent de l'Ihram, font de nombreuses prières et des actes de soumission religieuse. Kadid est un désert de sable pur, dans lequel on ne trouve point d'eau; des pierres plantées dans le sable indiquent la distance des milles, et en un mot, ces lieux sont dangereux et redoutables aux voyageurs.

Guezeldjè - Burkè. كوزلجه بركه à 15 h. de Rabigue.

Guzeldjè-Burkè (le joli réservoir), à quinze heures de Rabigue, village renfermant plusieurs eaux courantes et un étang; on y trouve aussi des melons et des pastèques. Non loin de ce village il en existe un autre qui sert de demeure aux Arabes Renbid رنبيد; on y voit aussi une mosquée remarquable et un autre hameau nommé Khalis (1), où il y a des eaux excellentes. Khalis était jadis un village florissant, mais on n'y retrouve plus maintenant que quelques vestiges, restes de son ancienne prospérité; c'est ici qu'est enterré Maktoul-Oglou-Ali-Pacha; il y a également dans cet endroit une fontaine, une mosquée, et une source qui porte les deux noms de Itch ایچ et de Azrak ازرق, ainsi qu'un réservoir. Les eaux, comme on voit, ne manquent pas dans ce lieu.

Ifan (2). عفان à 8 h. de Guzeldjè-Burkè.

Ifan, appelé aussi Mudridj-Osman مدرج عثمان, à huit heures de Gazeldjè-Burkè, est un village entouré de palmiers. L'eau y est de mauvaise qualité: on y voit des ruines nombreuses et un puits.

Sebil-Kharab. سبيل خراب à 14 heures d'Ifan.

Sebil-Kharab (la fontaine en ruine), nommé autrement Tchokhadjï-Sebili چوخه جی سبیلی, à quatorze heures de Ifan, lieu dépourvu d'eau. On trouve à l'ouest du chemin, un village appelé Arouah عروه, où il y a de l'eau et des jardins.

(1) Khalysz, selon l'itinéraire de Burkhardt J.

(2) El-Szafan, selon le même. De là à Wady-Fatmè, il ne compte point de station intermédiaire, et je soupçonne que les quatorze heures comptées ici depuis Ifan, doivent être réduites; le même itinéraire ne fait pas mention des deux lieux qui suivent: l'auteur turc est donc plus complet. J.

Vadii-Fatima (la vallée de Fatima), à six heures de Sebil-Kharab, village qui renferme des eaux vives, des vignes et des jardins; on y trouve les drogues médicinales appelées kadi کادی et مجانقور madjankour, ainsi que des fruits et des herbages de toute espèce; on en transporte d'ici une portion que l'on vend à la Mecque et à Djida جدة. C'est dans la vallée de Fatima que les habitans de la Mecque viennent à la rencontre des pélerins: la vénérable Meïmounè, l'une des épouses du Prophète, a été enterrée dans un endroit aride de cette route. On voit, en outre, ici, deux mosquées remarquables appelées, l'une Mesdji-Cheref et l'autre Mesdjidi-Teniim

Vadii-Fatima (1). وادی فاطمه à 6 heur. de Sebil-Kharab.

En passant par Eumrèï-Cadimè عمرهٔ قدیمه, on arrive à Eumrèï-Djèdèïdè عمرهٔ جدیدة (2); ce dernier endroit est à environ une heure et demie de la Mecque, d'où on vient exprès pour y faire l'Eumrè; ce lieu est aussi connu sous le nom de Iki-Mil ایکی میل (les deux milles). Vers Tenaïm تنعیم et à la droite du Kiblè, il y a une mosquée qui est connue sous le nom Mesdjidi-Aïcha (la mosquée de Aïcha), on la nomme aussi Heldjè. Il existe dans ce lieu un arbre antique près duquel on pense que la respectable Aïcha et son frère furent envoyés par le prophète pour s'acquitter de l'Eumrè. Cette prétendue mosquée d'Aïacha était à quelque distance de la première enceinte de la terre sacrée : elle est maintenant détruite. Les habitans sont dans l'usage d'élever ici, tantôt sur un point tantôt sur un autre, de fragiles édifices ou plutôt des tas de pierres auxquels ils donnent le nom de mosquée de Aïcha, c'est ce qui fait croire que ce temple a effectivement existé dans ces lieux, mais on ne peut pas connaître au juste l'emplacement où il se trouvait. Il y a dans cet endroit une ancienne citerne qui est alimentée par les eaux de pluie; c'est de l'eau de cette citerne que se servent pour leurs ablutions les personnes qui font ici leur Eumrè. Quand Sinan-Pacha vint à la Mecque, il

(1) Wady-Fatme. (Burckhardt.)

(2) Ces mots signifient en arabe, *l'ancienne et la nouvelle visitation.*

trouva, lorsqu'il voulut s'aquitter de l'Eumrè, que cette citerne était vide et que les personnes qui desiraient, comme lui, remplir ce devoir religieux étaient forcées d'apporter de l'eau de très-loin; ce pacha ayant découvert un ancien puits en ruine, fit retirer la terre qui le comblait, et le rétablit dans son état primitif; ayant en outre fait construire un aqueduc aboutissant à l'endroit où se fait l'Eumrè, il y installa une personne chargée de tirer et de distribuer l'eau du puits; ce dernier est maintenant encore dans l'état où il l'a établi et sert aux besoins des passans et des voyageurs. Il est néanmoins certain que lors de la trop grande affluence de monde, il y a pénurie d'eau. En quittant Eumreï-Djèdid on arrive à un endroit appelé Cheikh-Mahmoud شیخ محمود ; voici ce qu'on raconte de l'origine de ce nom: Ibrahim-Edhem, après avoir abandonné son royaume, s'était retiré dans le voisinage de la Mecque et vivait confondu au milieu des pauvres de cette ville; son fils, Chah-Mahmoud étant monté sur le trône de Bokhara et ayant appris avec certitude que son père était à la Mecque, s'y rendit de suite accompagné de sa mère. Dans l'entrevue qui eut lieu à leur arrivée, le père serrait tendrement son fils dans ses bras. Tout-à-coup Dieu leur inspira cette réflexion: Convient-il de confondre ici la tendresse paternelle avec l'amour divin? Mais il était trop tard, déjà l'infortuné Chah-Mahmoud était tombé mort sur les genoux de son père: il fut enterré dans ce lieu. Aujourd'hui sa tombe est encore couverte d'une coupole, et l'endroit où elle se trouve est généralement connu sous le nom de Cheikh-Mahmoud.

A un mille avant d'arriver à la Mecque, on trouve une mosquée qui porte le nom de Zebtouï زبطوی dans laquelle on assure que le prophète avait coutume de passer la nuit toutes les fois qu'il venait de Médine, et que le lendemain matin il entrait à la Mecque après avoir fait son namaz. Les habitans de la Mecque donnent aussi à ce lieu le nom de Beïn-el-Hadjouteïn بین الحجوتین. Les pélerins, en partant de Cheikh-Mahmoud, entrent à la Mecque par différens points; les uns en passant en face de Cham-Tcharchoussi شام چارشوسی (la rue de Syrie), près du petit marché (Sôk-Saguir سوق صغير), et les autres en pénétrant par la colline de Safa صفا.

Mekkeï-Mukerremè.
مكة مكرمه
à 6 heures de Vâdi-Fatima.

Mekkeï-Mukerremè (*la Mecque* vénérée), à six heures de Vâdi-Fatima. D'après l'estimation que nous avons faite, il y a, depuis Damas en Syrie jusqu'à la Mecque, quatre cent quatre-vingt-dix heures de marche. Deux chemins conduisent de Ifan à la Mecque, l'un par Elborka البرقا et Mera-Elzehran مرا الظهاران, et l'autre par Vâdi-Meran وادي مران (la vallée de Meran). Cette ville est située dans le troisième des sept climats; sa longitude est de 70° (1), et sa latitude de 20° 40'. Voici entre autres les divers noms qu'elle porte : Mekkè-Beguè مكه بكه (la Mecque proprement dite), Beldet-el-Êmîn بلدة الامين (la ville de la sûreté), Kariet قرية (le bourg), Umm-ul-Koura ام القرى (la mère des villages), Beldet بلدة (la ville), Erouz عروض, Umm-Kirsi ام كرثي, Farân فاران, Mukaddèsè مقدسه (la sanctifiée), Kâdis قادس, Kariet-el-Neml قرية النمل (le bourg de la fourmi), Hatima حاطمه, Vâdi وادى (la vallée), Herem حرم (la ville sacrée), Aerche عرش (l'arche), Berrè برّه, Selah صلاح (celle d'où résultent le bien et la paix), Taïibet طيبة (la bonne), Muad معاد (le lieu où l'on doit retourner), Beesè باسه, Nachè ناشه, Firouz-Abadi فيروز آبدى (la demeure de la victoire et de la félicité). Le nombre des noms donnés à la Mecque est tellement considérable, qu'on en a composé un petit recueil. Celui de Umm-el-Koura, donné à l'emplacement qu'elle occupe, lui vient de ce que ce lieu a été habité le premier de tous ceux de la terre. Le nom de la sainte kaaba est dû à la forme carrée de ce monument. La ville de la Mecque est située dans la longueur d'une

(1) Il est superflu de relever l'erreur grave commise ici par notre auteur : nous nous bornerons à remarquer que la longitude de la Mecque, relevée dans cette ville, en 1803, est de 37° 54' 45" E. du méridien de Paris, et sa latitude de 21° 28' 17" N.

vallée qui l'entoure presqu'entièrement, et sur l'emplacement de tombeaux connus sous le nom de Mebdeï-Mualat مبداى معلاة. Cette ville se prolonge, du côté de Djidè جدة, jusqu'à l'endroit appelé Chebikè شبيكة, et au sud jusques vers un lieu célèbre par la naissance du vénérable Hamza. Sa largeur s'étend depuis le penchant de la montagne qui porte les noms de Djezli جزلى et de Kikâan قيقعان, jusqu'à plus de la moitié de celle qu'on appele Abi-Kabis ابى قبيس.

Quant à la sainte Kaaba, elle se trouve au milieu même de la ville; son élévation au-dessus du sol est de vingt-sept coudées (ziraas), mesure de la Mecque; sa longueur, à partir de la pierre noire jusqu'à l'angle de l'Irak, est de vingt-quatre ziraas; le monument présente le même nombre de ziraas depuis l'angle de Syrie jusqu'à l'angle de l'Iémana; sa longueur, de l'angle de la pierre noire à l'angle de l'Iémana, est de vingt-trois ziraas un empan; la même largeur existe de l'angle de Syrie à celui de l'Irak; l'épaisseur de la muraille de la maison sacrée est de deux ziraas; la hauteur de la porte de la kaaba est de six ziraas onze pouces, et sa longueur, de trois ziraas dix-huit pouces : cette porte est située dans le mur oriental. L'élévation de cette noble porte, au-dessus du sol, est de quatre ziraas et trois pouces. A l'entrée du temple, au côté occidental de la muraille, il y a un espace noir et blanc dont la largeur et la longueur sont de douze ziraas, et qui est entouré d'une bordure, large elle-même de trois pouces. On prétend que cette place est celle où le prophète avait coutume d'appuyer sa tête. L'intérieur du temple renferme deux colonnes sacrées : le canal de miséricorde ou la gouttière d'or est placé vers le milieu du toit, entre l'angle de Syrie et celui de l'Irak; le *Multézem sacré*, c'est-à-dire l'espace compris entre la porte de la kaaba et la pierre noire, a quatorze ziraas de largeur; cet espace est situé vers le mur (S. E.) du temple. Dans les temps d'ignorance de l'Arabie (chez les Arabes païens), on invoquait dans ce lieu la justice divine; tout tyran ou parjure contre lequel on implorait la vengeance du ciel était aussitôt atteint d'un châtiment éclatant. C'est encore aujourd'hui un lieu saint, où les prières qu'on adresse à Dieu sont favorablement accueillies.

Le temple s'ouvre à diverses époques de l'année, savoir : au commencement de Mouharrem, pendant le jour de l'Achoura (1), depuis le matin jusqu'à midi ; le 20 du même mois, pour balayer le temple (jour où l'on ouvre également la station d'Ibrahim) ; la Caaba est aussi ouverte le jour du Mevloud (2); le premier vendredi du mois de Redjeb, la nuit de Miradj (3), vers le milieu du mois de Chaaban; le premier vendredi du Ramazan, la matinée de la nuit du *Kadre* et le dix-sept du mois de zilkaadè, époque à laquelle on lave et on parfume encore le temple ; le vingt-quatre du même mois, on enlève l'étoffe qui couvre la Caaba, et au retour des pélerins de Musdelifè on la revêt d'une nouvelle couverture, le jour même de la deuxième fête des sacrifices (4). Durant cette journée, le temple est ouvert jusqu'à midi. La pierre sacrée est à deux ziraas et dix-sept pouces d'élévation du sol, sa largeur ostensible est d'un empan et quatre pouces ; elle est à environ la distance d'une tête d'homme de la porte et de l'angle oriental de la Caaba. La porte du temple, dite Mesdoud (fermée), est située en face la porte ordinaire, entre l'angle de l'Imani et celui de Syrie. Entre la porte fermée et l'angle de l'Imani, en face du Multezem, se trouve l'endroit appelé Mussalaï-Adem (l'oratoire d'Adam) : sa largeur est de quatre ziraas; la partie appelée Heudjr ou Hatim est un mur qui a la forme d'un demi-cercle ou d'un arc et qui est situé à l'occident, entre les angles d'Irak et de Syrie; la hauteur de ce mur est de deux ziraas : il est re-

(1) Les dix premiers jours du mois de Mouharrem.

(2) Anniversaire de la naissance du prophète.

(3) L'ascension de Mahomet.

(4) Cette fête est celle que les Turcs appellent le petit Beïran.

vêtu de marbre de diverses couleurs. Selon la tradition, les tombes de Hadjir et d'Ismaïl seraient dans le Hatim. C'est sur le terrain où est le sanctuaire, qu'Ismaïl, suivant la même tradition, faisait paître ses moutons : ces animaux n'en dépassaient jamais les limites. L'eau de la gouttière de miséricorde communique à cette partie; d'après les paroles mêmes du prophète, la totalité du Hatim ou Heudjir n'aurait pas toujours fait partie du temple; long-temps avant la mission de celui qui est la gloire du monde (Mahomet), les Coreïchites ayant manqué de fonds légitimes, pour la reconstruction de la Kaaba, laissèrent le Hatim en dehors; ce ne fut que plus tard, lorsque Abdul-Melek, fils de Mervan, étant khalife de Syrie et qu'Ad'allah, fils de Zebir, se trouva à la Mecque, pendant une nouvelle réédification de la Caaba, que le Hatim y fut annexé et qu'on perça la porte appelée aujourd'hui Bab-Mesdoud. De son vivant, le prophète avait montré à la vénérable Fatima sa fille, la portion du Hatim restée en dehors et qui devait plus tard faire partie du temple. La pierre ronde et de couleur verte qui est au-dessous de la gouttière d'or, est, dit-on, venue du paradis. Cette dernière, qui est également appelée *pierre d'Ismaïl*, est arrosée par l'eau qui s'écoule de la gouttière d'or. Le mur du Heudjr, dont la forme est celle d'un arc, a quarante ziraas de circuit. En comprenant ce dernier dans l'espace occupé par la Caaba, on trouve une circonférence totale de cent-vingt ziraas et douze pouces. A l'orient du mur de la Kaaba, entre la porte noble (Bab-Cherif) et l'angle de l'Irak, est située une fosse appelée *la station de Gabriel* : on assure que c'est dans ce lieu que l'archange s'acquitta des cinq prières canoniques avec le roi des prophètes, et que long-temps avant, le vénérable Ibrahim avait pétri dans cette fosse le ciment qui servit à construire la Caaba ; la longueur de cette cavité est de huit kariches (1) sept pouces ; suivant le calcul de. . . . . , sa longueur serait de trois ziraas et demi, sa largeur de

(1) Kariche قارش, mesure d'environ huit pouces de longueur.

deux ziraas et demi, et sa profondeur d'un demi ziraas. La station d'Ibrahim est du côté du mur oriental de la Kaaba, en face de la porte noble. Cette station qui est entourée d'une balustrade en bronze surmontée d'une couverture en plomb est de forme carrée, avec des ornemens dans la partie supérieure : son élévation du sol est de vingt pouces.

Au nord de la station d'Ibrahim et en face de la Kaaba, se trouve le Member ou tribune du prédicateur, dont la porte est à environ trois ziraas de distance; cette tribune est construite en pierres de marbre : l'espace qui sépare la pierre noire de la station d'Ibrahim est de vingt-sept ziraas; cet espace, à ce qu'on assure, renferme les tombes de quatre-vingt-dix-neuf prophètes célèbres, parmi lesquels se trouvent Houd, Saleh et Ismaïl.

A partir de cette dernière, en face du Member et près du puits de Zemzem, à la partie opposée de la Kaaba, se trouve l'ancienne porte dite Bab-es-Selam (la porte du salut); celle-ci est simplement une porte construite avec une pierre d'une substance qui ressemble au marbre; elle forme partie de la cour ou de l'entrée principale du temple quoique les parties environnantes soient ouvertes. C'est près de cette porte qu'est déposé l'escalier de la Caaba dont on se sert au besoin pour s'introduire dans l'intérieur.

Le noble puits de Zemzem est au-dessous de la station des Chaafites; ce puits a soixante-sept ziraas de profondeur et quatre de diamètre : on prétend que l'eau du fond est le produit de trois sources différentes. Sa distance de la Sainte-Kaaba est de trente-trois ziraas, et celle qui le sépare de la station d'Ibrahim est de vingt et un ziraas. L'eau du Zemzem possède entre autres propriétés celles de rafraîchir des ardeurs brûlantes du corps; de mettre un terme, lorsqu'on en boit, aux angoisses de la faim, et de guérir de toutes les maladies. C'est le plus noble de tous les puits et l'un des objets les plus dignes de la vénération des fidèles;

on lui a donné différens noms en arabe, dans la langue de anciens grecs (Ionanïan), le mot *Zemzem* signifie *arrête-toi.*

Ibrahim ayant amené son fils Ismaïl et Hadjir (Agar), sur le territoire de la Mecque, crut devoir les abandonner; la vénérable Hadjir, pressée par la soif, chercha inutilement une source d'eau en parcourant l'espace situé entre Safa et Merva. Cette étendue de terrain est de cent soixante ziraas de longueur. Selon une première tradition, l'ange Gabriel lui ayant apparu, aurait, en touchant le sol du bout de son aile, fait jaillir la source dont il s'agit; suivant une seconde tradition, ce serait Ismaïl qui, après avoir frappé la terre du pied, aurait fait couler cette même source. Dans l'un ou dans l'autre cas, la vénérable Hadjir s'arrêta en prononçant le mot de *Zemzem*, et entoura cette source d'un mur de sable.

Il existe, autour de la kaaba, quatre autres stations : la première, située à l'orient, est celle des Chafites; la seconde, en-face de la kaaba, au-dessus du puits de Zemzem, celle des Malekites; la troisième, à l'occident, sur le côté de la kaaba, celle d'Ahmed-Hambali; et la quatrième, vers le côté d'Abi-Kabis, en face de la pierre noire, entre le midi et l'orient, celle des Hanefites. Cette dernière station se compose aujourd'hui d'un édifice carré à deux étages, et dont le plus élevé est destiné aux Muezzins (1). Ces stations se trouvent placées derrière la partie appelée Métaf, lieu où se font les tournées religieuses. Au-dessous du puits de Zemzem, sont placées l'une à côté de l'autre, deux coupoles appelées *Coubbeï-Ferassein* et *Coubbet-Sakïet-ul-Abbas*; la dernière renferme un bassin dont l'eau provient par un canal du puits de Zemzem, et qui sert à désaltérer les visitans. La longueur du temple, depuis la porte Esselam jusqu'à la porte d'Aamra, est de quatre cents ziraas, et sa largeur, depuis la porte Essafa jusqu'à la porte Nedvè, de trois cent quatre ziraas. Le

(1) Les chantres.

nombre des portes situées aux quatre murs qui forment l'enceinte du temple est de dix-neuf (1). Le mur oriental est percé de quatre portes qui sont : Bab-Esselam, autrement appelée Bab-Beni-Chibeh, garnie de trois arcs (2); Bab-en-Nebi, autrement appelée Bab-Djenaïz, garnie de deux arcs; Bab-Abbas, nommée aussi Bab-Djenaïz, avec trois arcs; et Bab-Aly, nommée également Bab-Beni-Hachem, avec trois arcs. Le mur méridional est garni de sept portes qui sont : Bab Bazan, deux arcs; Bah-el Khiiat, appelée autrement Bab-Idjlet-el-Nekhlè, deux arcs; Bab-Essafa, cinq arcs; Bab-Alïïad-el-Saguir, nommée également Mahroum et Djiad, avec deux arcs; Bab-el-Rahmè, nommée aussi Bab-Medjahedïè, deux arcs; Bab Ietimè ou Bab-Medressèï-Chérif-Idjlan, deux arcs; et Bab-Embani, deux arcs. Le mur occidental a trois portes, savoir : Bab-Hazourah, appelée également Bab-el-Veda, deux arcs; Bab-Ibrahim, un arc; Bab-el-Aamra ou Bab-beni-Sehem, un arc. Enfin le mur septentrional est percé de cinq portes qui sont : Bab-Amrou-ben-el As ou Bab-Sabrah, un arc; Bab-Idjleh ou Bab-Basfïè, un arc; Bab-el-Nedouh, un arc; Bab-Ziadéï-dar-en-Nedouh, trois arcs; et Bab-derïè-en-Nedouh ou Bab-Medresé, un arc. Le mehkemè ou tribunal communique à cette partie septentrionale de la galerie du temple. Le nombre total des colonnes de marbre qui soutiennent les arcs de la galerie, est de quatre cent soixante-deux. Les degrés qui sont aux quatre côtés de cette galerie forment trois étages. Autrefois les colonnes étaient surmontées d'un toit en charpente; mais le sultan Selim II fit démolir ce dernier et entreprit, à la place de celui-ci, la construction de voûtes en pierres. Ce travail, continué sous son règne et terminé, quant aux parties orientales et septentrionales jusqu'à la porte d'Aamra, fut interrompu à la

(1) Ali-Bey indique ce même nombre de portes, mais il diffère beaucoup de notre auteur dans les différens noms qu'il donne à chacune d'elles.

(2) Le mot arc a été employé ici pour désigner la forme et les ouvertures séparées de chacune des portes.

mort du souverain; mais il fut repris et entièrement achevé par ordre du sultan Murad à son avènement au trône ottoman. Cette construction, commencée en l'année 980 (1572), fut terminée en 984 (1576).

On doit à la munificence du sultan Soliman l'élévation, derrière le mutaf, de trente colonnes destinées à soutenir des lampes; deux de ces colonnes sont en marbre et le reste en bronze. L'espace entre chaque colonne est rempli par sept grandes lampes, et les colonnes elles-mêmes sont assujéties par des cercles de fer. Les quatre côtés de la galerie sont surmontés par quatre-vingt-douze coupoles.

Il y a à la Mecque sept minarets : le premier, près de Bab-Aamara, a été élevé par Djafer-Mansour et reconstruit à neuf sous le règne du sultan Soliman; le second, près de Bab-Esselam, est du au khalife Mehdi; le troisième, près de Bab-Aly, est du même khalife; on doit encore à ce khalife le quatrième minaret, situé à Bab-Hazoura; le cinquième, près de Bab-Ziadè, a été construit par le khalife Muutezid; le sixième est situé près du Medressè du sultan Kaït-Baï; enfin le septième, qui se trouve entre Bab-Ziadé et Bab-Esselam, a été construit sous le règne du sultan Soliman. Cette ville possède deux bains publics; l'un porte le nom Nebi-Hamami (le bain du prophète), et l'autre celui de Amra-Hamami. Elle renferme également plusieurs medressès (colléges), des caravanserails et des marchés bien entretenus. On y trouve quelques légumes; mais les fruits y sont apportés de Taïf et de la vallée de Fatima, lieu où l'on en trouve diverses espèces. Comme la Mecque est entourée de montagnes et de collines, il faut y voyager à pied. Les chevaux et les chameaux ne sauraient y marcher; trois endroits seulement sont accessibles aux chameaux et autres bêtes de somme, ces lieux sont : 1° le chemin de Messelè مسفلة, 2° celui de Chebikè شبيكة, et 3° la partie appelée Maalàt معلات. La sainte ville de la Mecque est située au milieu du Djezirct ul-Arab جزيرة العرب (la presqu'île des Arabes), et la kaaba occupe le centre de la Mecque.

Tous les environs de cette ville ont été sanctifiés par la présence des prophètes, des patriarches et des saints. D'un côté, cette contrée est bornée par la Terre-Sainte ou la Syrie, *centre des envoyés et des prophètes*; du second et du troisième côtés, par Bagdad et Basra, les *remparts de la sainteté*, et du quatrième, par l'Yemen, contrée devenue célèbre par plusieurs traditions orales du prophète. La longueur de la Mecque, d'une part, depuis Haalât jusqu'à la porte dite Bab-Mahabè, est de quatre mille deux-cent soixante-dix ziraas; d'autre part, depuis la porte de Mualat jusqu'à celle de Chebikè, en suivant les chemins Medaa et Souïka, on trouve douze cent quatre-vingt-cinq ziraas. Le temple est situé entre deux collines. La ville était jadis entourée de murailles, mais ces dernières ont été renversées et ruinées à tel point qu'on n'en retrouve plus aujourd'hui le moindre vestige. Indépendamment de cette première muraille, il y en avait une seconde sur l'emplacement d'une partie de laquelle se trouve une mosquée; cette muraille avait été élevée sur la montagne appelée Ravaha رواحه. On voit encore quelques restes de ses ruines. Les collines sacrées que renferme la Mecque sont les suivantes: Djebel-Abi-Kabis جبل ابي قبيس, Djebel-Hara جبل حرا, Djebel-Taur جبل ثور (1), Djebel-Tebir جبل ثبير et Djebel-Khandemè جبل خندمه. C'est une œuvre méritoire que de visiter le cimetière de Mualat, qui est réputé l'un des lieux les plus saints après le tombeau du prophète. C'est là que sont déposées les cendres d'un grand nombre de saints personnages, de musulmans et de musulmanes, entre autres celles de la vénérable Hadidjè, pour laquelle le sultan Soliman a fait, durant son règne, élever un beau monument en pierre. Là reposent aussi les fils du prophète de Dieu, Kasem, Thaïb et Taher, plusieurs de ses compagnons et autres personnages célèbres. Le cimetière situé près de la porte de Che-

(1) Je présume qu'il y a ici une faute et qu'il faut lire Djebel-en-Nour جبل النور (la montagne de la lumière).

bikè, est également un lieu de visitation méritoire et digne de la vénération des fidèles.

En un mot, vouloir décrire en détail la terre pure et sacrée de la Mecque, ce foyer des lumières divines, ce sanctuaire des prophètes et des saints, serait user en vain sa plume et outrepasser les bornes de l'art d'écrire : le lecteur voudra donc bien, en faveur de ce motif, excuser la brièveté de cette description. La plupart des pélerins arrivés à la Mecque, ne s'arrêtent qu'un jour dans cette ville et se rendent le lendemain directement à Aarafat عرفات.

Mina. منى à 2 h. de la Mecque.

Mina ou Muna, à deux heures de la Mecque, est un endroit renfermant des maisons nombreuses et bien bâties, ainsi que des boutiques. Le nom de Mina lui vient de ce que ses maisons sont toutes situées en face de la Mecque (1). Selon la narration véridique de Ibn-Abbas, le nom de Mina tire aussi son origine de ce que l'ange Gabriel, en se séparant d'Adam, lui dit ces mots (en arabe) : *fais-moi une demande*, et qu'Adam lui répondit (dans la même langue) : *accorde-moi le paradis*. Les pélerins reviennent de Mina à la Mecque les 10, 11 et 12 du mois de Zilhidjè. Il est de précepte imitatif (sunnet) de faire une courte station à l'entrée de la Mecque, dans un endroit qui porte les deux noms de Ebtah ابطح et Mahsab محصب; cet endroit, qui est sur le chemin de Mina, près de la Mecque, est très-pierreux. Ce serait une chose blâmable, en partant de Mina, que de se faire précéder de ses effets et de ses bagages pour entrer à la Mecque : le khalife Omar a positivement défendu d'agir ainsi et punissait sévèrement cette infraction. D'après la narration de Abi-Sehel, une personne vit le prophète en songe et implora son intercession : As-tu accompli le pélerinage et t'es tu fait raser la tête à Mina? lui demanda l'envoyé de Dieu ; sur sa réponse affirmative il l'assura qu'il ne devait plus redouter le feu de l'enfer.

(1) D'après Aly-Bey, Mina est un bourg composé d'une seule rue ; mais

Muzdelifè (le rapprochement); à deux heures de Mina. Ce lieu est la mosquée d'Adam (que le salut soit sur lui). Cette dernière se nomme aussi Muchir-ul-Haram مشعر الحرام ; c'est, suivant la tradition, l'endroit où se réunirent Adam et Eve. Le nom de Muzdelifè peut avoir été donné à ce lieu pour trois motifs différens: ou parce que c'est là que Dieu permit à Adam et Ève de l'approcher, ou à raison de ce que les hommes s'y rassemblent dans la nuit du Zulfet, ou bien encore parce que le père du genre humain et sa compagne s'y retrouvèrent après avoir été longtems séparés. Il y a une parasange de la Mecque à Mina, une parasange de Mina à Muzdelifè, et une parasange de Muzdelifè à Aarafât. La parasange est de trois milles. Tous les endroits à Muzdelifè conviennent au séjour des pélerins, excepté Batn-Muhassir بطن محسر, qui est à la gauche du chemin. Le nom de Muhassir (1) lui avait été donné pour rappeler que c'est là que le démon voulut tenter (Abraham), et qu'il éprouva le regret de ne pouvoir y réussir. Les pélerins s'arrêtent à Muzdelifè le temps convenable et y passent la nuit de la fête. Muzdèlifè. مزدلفه à 2 h. de Mina.

Djebel-Aarafât (le mont Arafât), appelé également Djebel-ul-Rahmet جبل الرحمت (la montagne de la miséricorde), à deux heures de Muzdelifè. Il est de précepte divin (farz) de séjourner au mont Arafât, le neuvième jour du mois de Zilhidjè ; le lendemain de grand matin, jour de la fête, il faut faire à Muzdelifè la station convenable et retourner à Mina. L'origine du mot Aarafât (connaissance, savoir) vient de ce que l'ange Gabriel ayant instruit, dans ce lieu, Ibrahim de toutes les prières et autres devoirs du pélerinage, ce patriarche répondit à l'archange par ces mots: *Aaraftu aaraftu* (j'ai compris, j'ai compris). La montagne d'Arafat renferme des eaux courantes qui s'écoulent à la Mecque, par des conduits souterrains ; le cours ordinaire de l'eau est quelquefois interrompu par les dommages qu'éprouvent ces con- Djebel-Aarafât. جبل عرفات à 2 h. de Muzdèlifè.

elle est si longue qu'il employa plus de vingt minutes à la parcourir.

(1) Molestiâ affectus.

duits; mais ils sont facilement réparés et l'eau reprend aussitôt son écoulement habituel. On est redevable de ce bienfait au khalife Mutevekkel qui le premier dépensa, pour cet objet, une somme de cent mille ducats. Anciennement la princesse Zebidè, épouse de Haroun-Errachid, avait aussi fait établir de semblables conduits, pour amener les eaux, de leur source jusqu'à Arafât; mais le temps ayant endommagé ces conduits, et les eaux n'arrivant plus à leur destination, le sultan Soliman les fit entièrement réparer. Ces travaux ont été également renouvelés depuis Arafât jusqu'à la Mecque, par la fille bien-aimée de ce souverain, la sultane Mihr-Umah.

Il y a sur le sommet le plus élevé du mont Arafat, une coupole appelée la *cuisine d'Adam* (que le salut soit sur lui). Près de là est le lieu où notre seigneur le prophète a fait sa prière. Tous les endroits de cette montagne sont réputés saints, excepté Batn-Aarafè ; ce nom est celui d'une vallée située sur la gauche du mont Arafât. C'est là que le démon apparut au prophète, et c'est pour en préserver les fidèles que l'envoyé de Dieu a défendu, à qui que ce soit, de s'arrêter dans cette vallée. Les pélerins passent la nuit de leur arrivée, à Arafât ; le lendemain, qui est le jour de l'Arafa, ils s'acquitent en même temps de la prière du midi et de celle du soir, dans la mosquée d'Ibrahim.

Pendant la station d'usage, le cadi de la Mecque entonne un cantique auquel répondent tous les fidèles. On s'arrête dans ce lieu jusqu'au coucher du soleil et l'on se retire ensuite ; dans ce moment la musique se fait entendre. Les chameaux se précipitent pour partir. Ceux qui sont dans des litières ou des palanquins doivent user de précaution, car la foule est considérable. On revient ensuite à Muzdelifè et à Mina, après avoir, dans ces différens lieux, jeté les pierres contre le démon, accompli les sacrifices d'usage, fait les tournées prescrites, s'être fait raser la tête et débarrassé du manteau pénitentiel. Le troisième jour de la fête, on retourne à la Mecque ; durant la nuit de ce jour, le pacha de Syrie, conducteur de la caravane, celui de la caravane d'Égypte, le gouverneur de Djiddè, le chérif de la Mecque, le sourrè-émini, les saccas-bachis et les autres personnages de distinction, tous réunis à Mina, illuminent leurs tentes avec des lampes, les décorent de croissans en transparent, et se livrent à de grandes réjouissances auxquelles se joignent le bruit du canon, celui de la mousqueterie et des fusées qui s'élèvent de toute part. De leur côté, les soldats Mogrebins répondent, du haut des montagnes, à ces démonstrations de joie, par des milliers de coups de fusils et des cris qui leur sont particuliers. Il serait impossible de se figurer ailleurs l'effet d'une semblable réunion.

De retour à la Mecque, les pélerins s'y arrêtent ordinairement une huitaine de jours, durant lesquels ils se visitent entre eux et font des achats et des ventes. Après avoir encore achevé quelques tournées surérogatoires autour du temple, et s'être acquitté d'autres pratiques méritoires, la foule des pélerins, qui, des quatre coins de la terre, s'était réunie pour visiter la maison sacrée, se disperse et chacun retourne dans sa patrie. Ceux de la caravane de Syrie se dirigent vers l'endroit appelé Cheikh-Mahmoud شيخ محمود, où ils s'arrêtent une journée; les uns prennent ensuite la *route impériale* tariki-soultani طريق سلطاني, par laquelle ils sont venus, et les autres celle d'orient pour revenir à Médine. Suivant l'occurrence, ils s'arrêtent quatre ou cinq jours dans cette ville; y visitent le tombeau du prophète, et se rendent ensuite à Damas où ils se reposent l'espace d'un mois. De là le surrè-émini et les saccas-bachis reviennent à Constantinople.

La plupart des pélerins, après être partis de Scutari le 25 du mois de Redjeb, se trouvent être de retour dans cette ville vers le 25 du mois de Rebi-ul-Akher. D'après ce compte, le nombre de jours, écoulés depuis leur départ de Constantinople jusqu'à leur rentrée dans cette capitale, est de deux-cent-soixante.

www.ingramcontent.com/pod-product-compliance
Ingram Content Group UK Ltd.
Pitfield, Milton Keynes, MK11 3LW, UK
UKHW021558260726
13993UKWH00002B/907